구부러진 길)
(위에 서다

구부러진 길 위에 서다

김인순 지음

harmonybook

구부러진 길 위에 서다

산티아고 순례길,

그 길 위에 오롯이 나로 서기 위한 하루 전 설렘 반, 두려움 반이다.

하루하루 무탈하기만을 기도하며 기다려왔던 순간이다.

산티아고 순례길은 프랑스와 스페인의 국경인 생장드피드포르(이하 '생장')에서 출발하여 스페인 갈리시아 지방 산티아고 데 콤포스텔라 대성당에 도착하는 도보 순례길이다. 예수의 12사도의 한 사람인 야고보가 예루살렘에서 순교한 후 제자들이 매장을 해주었고, 이후 야고보의 유해가 발견되었던 곳으로 알려져 있다. 이후 1993년 유네스코 세계문화유산 등재 후 전 세계적으로 주목을 받는 도보 길이다.

나는 가장 대표적인 길로 알려진 프랑스 생장에서부터 피레네산맥을 넘어 산티아고 데 콤포스텔라까지 프랑스길 약 800km 구간을 걸을 예정이다. 40일의 여정 중 35일 동안 하루 평균 20km를 걸어야 한다.

딸은 안방 입구에 떡하니 서 있는 덩치 큰 가방을 멀거니 쳐다본다.
"엄마, 이제 정말 실감이 나네요."
"엄마, 정말 가는 거네요."
멀리 있는 아들의 전화다.
"집에 자주 들르고 누나 잘 챙기렴!"

가방을 꾸리고 풀기를 수차례, 몇 시간 뒤 나와 일체가 되어 40일을 함께 할 친구다. 같은 물건을 어떤 방식으로 가방에 넣느냐에 따라 무게의 변동이 심하다.
가장 먼저 당뇨약, 고혈압약, 갑상선 약을 두 달여치 챙겼다. 신신파스, 동전파스, 바셀린, 해열제, 지사제, 베드버그 약 등 약의 무게가 무려 2kg이다. 그리고 두꺼운 패딩 하나, 긴 팔과 반 팔 여벌 한 벌, 얇은 내의, 속옷과 양말 여벌 각 한 벌, 침낭, 예쁜 원피스 한 벌을 챙겼다. 또, 작은 가방, 스틱, 모자, 안경, 여유 핸드폰, 헤드 랜턴, 물통, 슬리퍼 등을 담고 나니 총 가방 무게 9.7kg을 피할 수 없다. 여기에 현지에서 생수 및 간단한 간식을 챙기다 보면 10kg이 넘을 텐데 걱정이 앞선다. 2kg의 약은 매일매일 줄어들 가능성에 희망을 두어보자.

누군가 질문을 던졌다.
"왜, 고생을 사서 하냐?"
또 다른 사람이 질문을 던졌다.
"어떻게 그런 용기를 낼 수 있냐?"
또 다른 누군가는 응원을 보내왔다.
"정말 잘 생각했다. 잘될 거야. 잘할 수 있을 거야."
그리고 또 한 사람,
"엄마, 정말 갈 거야? 엄마 꼭 가야 해? 엄마 괜찮겠어? 그래도 난 엄마 응원해."
딸의 걱정과 응원은 일상의 잔소리가 되었다. 그러던 어느 날 언니와 형부도 함께 하기로 했다. 딸은 그제야 안도의 박수를 보냈다.

누군가는 쉼으로, 누군가는 치유로, 또 누군가는 종교적인 가치 등 다양한 의미를 부여하며 그 길을 걷는다고 한다. 내 나이 쉰하고 다

섯, 인생 반평생을 살아왔다. 아니 하루하루를 살아내고 있다고 하는 것이 더 어울리는 것 같다. 그래서 살기 위해 떠난다. 그런데 죽을 각오로 떠난다. 지지리도 가난했던 어린 시절, 꿈 많은 학창 시절은 가난이라는 이유로 꿈을 접을 수밖에 없었다. 그러나 슬금슬금 다시 올라온 꿈을 이루기 위해 어느 것 하나는 포기할 수밖에 없었다.

앞만 보고 살다 어느 날 문득 뒤를 돌아보니 굽이굽이 구부러진 길이었다. 그리고 가장 소중한 것을 놓치고 있었다. '아무리 미운 사람도 아무리 나쁜 사람도 죽는 것보다 낫다'는데 가장 사랑하는 사람을 잃을 뻔했다.

어려서부터 '똑순이'라는 별명처럼 무엇이든 혼자서 척척 잘해 내는 아이, 항상 명랑했던 아이, 꿈이 컸던 아이, 서른 살 내 딸이다. 딸이 꿈을 펼쳐야 할 시기에 마주쳤던 아픔은 나에게 더 큰 고통을 감당하게 했고, 자식의 아픔 앞에서는 아무것도 보이지 않았다. 나는 그동안 해오던 모든 일을 내려놓았다.

하지만 내려놓은 일과 자존심은 억울함으로, 두려움은 분노로, 사랑은 미움으로 가득 찬 날들을 보내야 했다. 결국 몸과 마음은 만신창이가 되었고, 서로에 대한 상처만 깊어 갔다. 상담활동가라는 직업을 가지고 다양한 활동을 해 왔던 내가 정작 내 딸의 몸과 마음의 아픔을 들여다보지 못했던 것에 대한 죄책감이었다. 도망가고 싶었다. 떨어져 있고 싶었다. 그래야 된다는 생각이 들었다. 곪아 터진 상처가 아무는 시간이 필요했다.

그로부터 여러 해, 딸의 응원을 입으며 길을 떠난다. 길은 나에게 마중물이 되어줄 것이다. 내일 이 시간이면 낯선 땅, 낯선 공간, 낯선 사람과 있을 것이다. 설렘과 함께 나의 순례길을 이어가 보련다.

차례

낯선 땅, 낯선 공간, 낯선 사람

열아홉 명의 집결은 척척척, 순조롭게 진행되었다. 가족 단위, 부부, 친구들과 그리고 나처럼 혼자인 사람들로 구성된 순례자들은 앞으로 따로, 또 같이할 운명이라고 말하는 젊은 여성 인솔자의 카리스마 넘치는 리더십이 예사롭지 않았다.

인천공항을 출발하여 프랑크푸르트 공항을 경유해 프랑스 툴루즈까지 약 20시간 정도의 거리는 난생처음 장거리 비행을 하는 나의 온몸을 근질근질하게 하였다. 하지만 구부러진 길 위에 서 있을 내 모습을 상상하면 벌써부터 가슴이 벅차올랐다.

프랑스 현지 시각 새벽 한 시쯤 도착하여 짧은 잠을 자야 하는 첫날은 고된 일정이었다. 그래서인지 평소와 다르게 침대에 머리를 대자마자 잠이 드는 기이한 행운이 따랐다. 무엇보다 룸메이트가 나와 동갑내기라 더 반가워 바로 친구가 되었다.

호텔에서 아침을 먹고 버스를 통해 세계 3대 성모 발현지(멕시코의 과달루페, 프랑스의 루르드, 포르투갈의 파티마) 중 프랑스의 루르드로 이동했다.

프랑스의 성지 '루르드Lourdes'는 해발 420미터의 피레네산 기슭에 위치한 아주 조그마한 마을로서, 1858년 14세의 소녀 '베르나뎃트 수비후Bernadette Soubirous'에게 18번이나 성모 마리아가 현신 하신 곳 이었다. 이곳은 '마사비엘Massabielle' 동굴 샘물의 기적으로 이 샘물을 마시면 병이 완치된다 하여 유럽 각지에서 많은 사람들이 난치병을 고치기 위해 몰려드는 곳으로 유명했다. 많은 사람 틈에 겉에서만 웅장한 성당의 규모에 감탄만 할 뿐이었다. 기적의 샘물을 마시고자 했지만, 이미 줄 서있는 관광객들 틈에서 기다리기엔 나의 시간은 너무 짧아 아쉬움만 남긴 채, 프랑스 생장으로 향했다.

먼저 순례자 여권(크레덴시알)을 발급받기 위해 순례자 사무실 앞에 줄을 섰다. 여권과 신청서, 발급비를 내고 순례자 여권을 손에 쥐었다. 세계 각국의 순례자들이 모이는 곳, 처음 들러야 하는 곳으로서 산티아고 순례길의 첫 관문이기도 했다.

작은 골목을 지나 다리를 건너 첫 번째 알베르게를 찾아갔다. 사전 조사하면서 각오했듯이, 비좁고 칙칙한 입구는 우리나라의 아주 오래된 작은 게스트하우스 느낌이 들었다. 작은 알베르게였기에 열아홉 명의 팀은 다른 알베르게와 두 팀으로 나누어진 듯싶었다. 이층으로 올라가는 나무 계단은 조금만 힘을 수면 덜커덩

구부러진 길 위에 서다   15

덜커덩 건물 전체를 뒤흔들 듯한 삐그덕 소리를 내었고, 아직 시작도 하기 전에 순례자의 긴장감을 더했다.

여덟 명이 묵을 수 있는 벙커 침대 4개로, 방문 외엔 창문이 없는 어둡고 배낭 하나 제대로 놓을 수 없는 작은 공간에서 어색한 만남이 시작되었다. 난생처음 이런 공간에 이런 낯선 체험은 언니와 형부가 함께 했기에 그나마 덜 어색했던 것 같았다.

'아, 지금부터 시작이구나.'

침대에 제일 먼저 베드버그 약을 뿌렸다.

다행히 젊은 남성이 1층 침대를 양보해 줘서 1층 침대에 눕게 되었으나, 침대에 누운 채로 2층 침대와의 간격이 50cm밖에 안 될 정도로 비좁았다. 2층 침대에서 방귀라도 뀌면 바로 나에게 발사할 수밖에 없는 상황에, '차라리 내가 2층을 쓸걸' 하는 약간의 후회감이 들었다. 위에서 조금이라도 움직일 때면 침대의 균형이 흔들리기 시작했다. 젊은 남성은 미안해 어쩔 줄 몰라 하고, 멋쩍은 상황은 서로가 마찬가지였다. 우리 외 다섯 사람도 나와 언니, 형부만큼이나 말수가 없이 그냥 조용히 각자의 침대에서 휴대폰만 들여다보다 알베르게 불이 꺼지자 비로소 휴대폰을 내려놓고 눈을 감았다.

피레네산을 걸을 부푼 꿈을 안고서 그렇게 생장에서의 첫날밤이 지나가고 있었다.

가슴과 하늘이 맞닿은 피레네산

프랑스 생장 마을 알베르게(순례자 숙소)의 첫 아침은 조용하지만 부산스럽다. 발을 딛는 곳마다 삐그덕 소리, 방문을 여닫을 때마다 이층집이 흔들리는 덜커덕 소리, 화장실 물소리는 한여름 폭포 소리였다. 산티아고 순례길의 첫발을 내딛는 기대와 흥분으로 밤새 코고는 소리도, 머리 위 침대에 낯선 남자의 들척거리는 소리도 자장가로 들렸다.

"어쩜 그렇게 편안하게 잘 자니?"

이틀째 잠 못 잔 언니에겐 신기한 동생이었을 것이다.

지도를 펴고 점들을 찍어 가며 내가 걸을 길을 매일매일 체크해 왔던 피레네산맥을 걷는 날이다. 프랑스와 스페인의 국경을 이루는 산맥으로, 제일 높은 산은 해발 3,404m의 아네토산이다. 순례길을 지나는 피레네산은 약 1,400m 높이다. 피레네산을 넘어 론세스바예스까지는 약 26.3km이다. 산티아고 순례길 중 가장 힘든 구간이라고 한다.

발가락 양말을 신고 그 위에 두꺼운 울 양말을 신었다. 무릎 보호대, 손가락 없는 장갑, 모자를 착용했다. 그리고 38리터짜리 배낭을 둘러메고 허리 벨트를 단단히 동여맸다. 6개월 동안 길들인 미들 등산화 끈을 조여 맸다. 마지막으로 스틱을 양손에 쥐었다. 모든 것이 완벽했다.

알베르게 사무실 입구에 순례자 방명록이 눈에 띄었다.

'구부러진 길 위에 서다.'

천천히 써 내려가며 기도했다.

'그저 모든 것들이 무탈하게만 하소서.'

'피레네산을 넘는 오늘만큼은 좋은 날씨 허락하소서.'

아직 동이 트지 않은 이른 아침 19명의 팀원은 인솔자 안내에 따라 함께 출발했다. 생장 마을을 벗어나면서 곧바로 오르막길과 직진이 이어졌다. 오르막길은 유독 내 발걸음을 더디게 했다. 피레네산도 예외는 아니었다. 더구나 큰 배낭이 등에 버티고 있었다.

어느새 언니와 형부는 내 시야에서 사라졌다. 가로누운 큰 나무에 노란 화살표 표지가 반가웠다. 거칠어진 호흡 소리와 함께 우리가 걸을 나폴레옹 길로 알려진 시세 언덕길로 표지판을 따라 올라갔다.

"올라!"

"부엔 까미노!"

순례자들 사이에서 서로 잘 걸으라고 격려해 주는 '부엔 까미노'는 벌써 익숙한 인사말이 되었다. 그렇게 걷는 사이 산 너머로 태양이 얼굴을 내밀었다. 구름은 발아래 펼쳐져 있었다. 간간이 구름 속을 뚫고 나타나는 봉우리들이 눈에 띄었다.

"사진 한 장 찍어 드릴까요?"

벌써 한 달은 더 걸었을 듯한 신발과 펄렁이는 긴 치마, 축 처진 작

은 배낭을 멘 젊은 여성이 말을 걸어왔다. 첫아이 예정일 2주를 남기고 홈드레스(긴치마 원피스)에 구두를 신고 무모하게 한라산 등반을 했던 30년 전 내 모습을 보는 듯했다.

쏘냐라는 이탈리아 순례자, 하얀 도복 차림의 일본인, 80세는 훨씬 넘어 보이는 유럽인과 몇 마디의 인사는 꽤 오랜 벗인 듯 친숙했다. 자전거 순례자들도 많이 보였다.

한참을 걷다 보니 언니가 기다리며 응원의 손짓을 한다. 운토를 지나 오리손 알베르게의 전망대와 바Bar를 만났다. 샌드위치와 에스프레소 커피 한잔은 나를 온기로 가득 채워주었다. 갈 길이 멀다며 형부의 재촉이 시작되었다.

오리손부터 언니의 발걸음과 속도를 맞추며 걸었다. 육체의 힘듦도 잠시, 숨을 막히게 하는 것은 대자연의 경이로움이었다. 산의 절경이 눈앞에 펼쳐졌다. 사방의 고요한 초원은 거친 숨소리를 멈추게 했다. 갑자기 불어오는 바람은 태풍급이었지만 이도 잠시, 뜨거운 태양이 그저 감사할 뿐이었다.

오리손봉에 도착할 무렵 돌무더기 위에 작은 마리아상이 보였다. 그 아래서 자연스럽게 두 손이 모아졌다. 언니와 나는 천천히, 더 천천히 걷고 있었다. 그러나 형부의 가다 서다 하는 모습은 우리를 불안하게 했다. 잠시 쉬기로 했다.

등을 바닥에 대고 누웠다. 가슴은 하늘과 맞닿았다. 파란 하늘과 잔잔해진 바람이 나를 살며시 안아주었다. 그리고 나에게 '수고했다, 고맙다' 속삭였다. 그 순간 난 흔들리는 목소리를 숨기려 애썼다. 깊은숨을 내쉬고 들이마셨다. 그렇게 한참을 피레네산에 나를 맡겼다.

레뢰더 안부까지 오르막길을 오르다 보면 브라질 순례자의 묘지도 보였다. 멀리 아기자기한 마을도 보였다. 스페인 나바라주 안내 표지판은 우리가 스페인 국경에 들어왔음을 알려주었다. 론세스바예스까지 얼마 남지 않았을 기대감과 내리막길 기다림에 발걸음이 가벼웠다.

그렇게 한참을 걷는 동안 구불구불한 피레네산은 친숙한 길이 되었다. 마치 이곳에 오래 있었던 것처럼.

까막눈에 서툰 언어 대혼란

두 번째 알베르게는 산타마리아 콜레히아타 성당 안에 있는 론세스바예스Roncesvalles 수도원을 개조하여 180여 개의 침대가 나란히 배열된 대형 숙소로 굉장히 깔끔하고 정돈된 시설이었다. 간단한 조리를 할 수 있는 공간, 남녀 구별된 샤워 시설과 화장실, 따뜻한 물이 펑펑 나오고 세탁 건조까지 가능한 세탁소, 음료 및 플레인 요구르트 등을 먹을 수 있는 자판기 시설이 갖추어져 있었다.

생장에서의 덜컹거리는 복도, 온수가 제대로 나오지 않는 식수대와 남녀 공동 샤워 시설 및 화장실에 비하면 호텔급 숙소였다. 하지만 이 좋은 시설에 감탄도 잠깐, 샤워실에 통째로 놔두고 나온 샤워 물품은 온데간데없이 사라졌고, 십오 분 뒤 찾기로 했던 세탁물 건조 요청은 한 시간이 넘도록 여전히 세탁기에서 돌아가고 있었다. 지긋이 나이 드신 할아버지 두 분이 운영하는 세탁실에는 각 세탁물을 담은 알록달록한 바구니들이 개미 소풍 가듯 길게 줄을 서고 있었다.

"Please dry this laundry(이 세탁물은 건조만 해 주세요)."

"Yes, Yes!"

두 할아버지는 메모를 적어 줄지어진 세탁물 바구니에 붙이며 그

저 여유로울 뿐, 서로 다른 언어들로 세탁과 건조 요청 및 세탁물을 찾으러 오는 순례자들의 시끌벅적한 상황은 마치 바벨탑을 쌓아 하늘에 닿으려는 인간들의 오만에 분노한 신이 인간의 언어를 갈라놓은 듯 혼란스러웠다.

자기 양말 한 짝이 없다는 순례자, 자기 물건이 아니라며 선별해 내는 순례자들의 목소리들로 북적거렸다. 거기에 나도 한몫 더했다. 구글 앱을 켜고 스페인어와 영어를 번갈아 가며 온몸으로 언어를 표현한 나에게 엄지척 해주는 센스 할아버지에게 미소로 화답했다.

어렵기만 한 소통은 여기가 끝이 아니었다. 알베르게 옆 레스토랑에서 순례자 메뉴로 저녁 식사를 하기로 했다.

"치킨! 비프! 피쉬 된장국!"

"피쉬 된장국! 맛이~~떠요."

영어와 한국말로 주문을 받는 친절한 웨이터의 주문에 뒤 귀가 번쩍 열렸다.

"피쉬 된장국 플리스!"

언니와 난 일도 고민 없이 주문을 하였다.

"오와, 생선국인가 보다."

바람도 세차고 온몸을 웅크리게 하는 론세스바예스 저녁 시간에 이게 웬 보약 같은 식사란 말인가? 곧이어 큰 대접에 거무스름하고 걸쭉한 수프가 눈앞에 놓였다.

'그렇다. 스페인의 음식은 전식, 본식, 후식이라 했지.'

한국의 단팥죽과 비슷한 뜨근뜨근한 콩 수프는 해장국처럼 속을 달래주었다. 곧 커다란 접시에 큰 생선 한 마리가 떡하니 누워있었다. 겉은 촉촉해 보였고, 양념이 전혀 되지 않은 듯한 은색 빛깔을 띤 생신과 눈을 마주치며 된장국이 나오기를 한참을 기다렸다. 그러다 조용히 손을 들어 물었다.

"된장국 플리스."

"노우! 노우! 쏘리!"

된장국이 떨어졌다는 건가? 우린 그제야 옆 테이블 순례자들의 식사 모습에 눈을 돌렸다.

치킨 스테이크를 먹는 사람, 비프스테이크 먹는 사람, 우리와 같은 생선 한 마리가 썰렁하게 놓인 식탁에서 분주히 포크를 움직이는 사람이 보였다.

"오케이, 오케이! 아임 쏘리."

당황스럽고 멋쩍은 우린 열심히 생선을 발라 먹다가 약속이라도 한 듯 웃음을 터트리고 말았다. 주메뉴 전에 나온 수프로 치킨, 비프 스테이크에는 크림수프가 나왔고, 소금과 허브로만 간을 맞춘 생선 요리가 나오기 전 맛있게 먹은 콩 수프가 그들이 말한 된장국이었다는 것을 우리는 그제야 알아차린 것이었다. 기본 밥과 서너 가지 반찬의 기본으로 곁들어 먹었던 한국 밥상을 빨리 머릿속에서 지워야 했다.

겉이 바삭바삭해야 생선 비린내가 덜 날 것 같은 통념을 깼다. 밥도 없이 피클 몇 조각으로 먹는 생선요리는 비린내가 심할 거라는 고정관념도 깼다. 은은한 허브향에 부드러운 생선을 곁들인 와인 한잔은 피레네산을 넘은 첫날의 고단함을 풀어주었다.

물건을 잃어버린 허탈감과 서로 다른 언어 때문에 혼비백산한 잠깐의 시간은 내일도 모레도 걸어가야 할 순례자에게 노란 신호등 같았다. 두 눈을 크게 뜨고 두 귀를 활짝 열고 문화에 스며 들어가는 순례자들의 밤은 코골이와 숨소리의 화음으로 깊어져 갔다.

수비리의 숲과 마을, 그리고 사람

알베르게 옆 성당에서 장엄한 음악 소리가 울려 퍼졌다. 그리고 알베르게 불이 하나씩 켜지기 시작했고, 하나둘씩 한쪽 복도로 나와 배낭을 꾸리기 시작했다. 첫날 27km 정도를 거뜬히 걸어 주었던 두 다리는 발목에 모래주머니를 매달아 놓은 듯 묵직했고, 손가락은 피아노 치는 손가락 모양에서 멈춰 있었고, 얼굴은 마치 공기를 잔뜩 불어 넣은 풍선처럼 부어올랐다.

침대와 침대 사이 천장이 오픈된 이층 침대에서는 마치 옆 사람과 나란히 자는 듯했고, 낯설기만 했던 전날 밤과는 달리 "굿모닝!" "부엔 까미노!" 속삭이며 서로의 부스스한 얼굴에 미소를 지었다. 처음 이층 침대를 접한 난 적응하려면 시간이 꽤 걸릴 것 같았다. 사다리를 오르락내리락하는 것조차 두려워 밤새 화장실 가는 것조차 참아야 했다.

"엄마야! 엄마야!"

고정된 서너 개의 사다리를 내려오는 나는 마치 에베레스트 등반이라도 하듯 부들부들 떨었다. 아래층 침대에서 자고 있던 순례자가 깜짝 놀라며 결국 사다리를 붙잡아 주었다.

"미안하오. 어젯밤 침대 위치를 바꿔 드릴 걸 그랬소."

"아, 아닙니다. 제가 오히려 죄송합니다. 차츰 적응해 가야지요."

익숙한 언어가 같은 고향임을 단번에 알 수 있었고, 친근감의 공감대를 만들었다. 그는 마라톤 아마추어라 소개했고, 그 이후부터 '마라톤 아저씨', '마라톤 오라버니'로 통했다.

4월 말 스페인의 새벽 공기는 두꺼운 패딩과 장갑을 끼고서도 몸을 움츠려야 했다. 어제의 힘들었던 피레네산을 뒤로하고 'SANTIAGO DE COMPOSTELA 790'이라는 큰 거리 푯말과 마주하며 둘째 날의 여정을 시작했다.

숲이 바람에 흔들리기 시작했다. 순례자의 새벽 발걸음은 경쾌하지만 경건했다. 클라이맥스가 올라가는 음악회에서 헛기침이라도 나올까 봐 긴장감이 맴돌 듯 오직 따그닥따그닥 스틱 소리와 사각사각 발걸음 리듬을 누구라도 깨면 안 될 것 같았다.

'하나, 둘, 셋, 넷, 둘둘, 셋, 넷'

난 속으로 박자에 맞춰 지휘를 하고 있었다.

"올라!"

드디어 누군가 이 적막을 깨워 주었다. 피레네산에서 만난 이탈리아 여인 쏘냐였다.

"부엔 까미노!"

길 위에서 처음 인사를 나누며 몇 마디의 대화를 나눴던 외국인 순례자는 금세 까미노 친구가 된 듯 반가웠다. 쏘냐는 텐션 높은 리액

션으로 순례자들에게 웃음을 선사하기도 했다.

숲길과 작은 마을들이 이어졌다. 우리나라 한옥 분위기 같은 마을, 시골 한적한 목장 마을 등이 번갈아 가며 이어졌다. 또한 작은 마을 길에는 이슬 머금은 초원들이 펼쳐졌고 목장의 소들은 순례자들이 낯설지 않은 양 멀거니 쳐다보며 인사를 나눴다. 수리비로 향하는 숲길에는 떡갈나무, 자작나무, 소나무, 너도밤나무, 낙엽송 등이 우거져 있었다.

아침에 패딩을 입은 모습이 무색할 정도로 금세 태양은 등을 뜨겁게 달구고 얼굴을 붉게 타오르게 했다. 덩달아 오르막길은 첫날 피레네산을 넘은 근육의 무게를 누르기 시작했다. 오르막길을 더딘 발걸음으로 오르며, 곧 내리막길이 나타나 주길 기다리는 심정으로 한 걸음 한 걸음 힘겹게 걸었다. 에로 고갯길에서 마주하는 바람은 한 고비를 넘긴 삶의 버거움을 덜어 주듯 살며시 다가와 주었고, 작은 기쁨이 커다란 아픔을 상쇄시키듯 나는 자연의 끌림에 나를 맡겼다. 무엇보다 에로 고갯길에서 만난 푸드트럭은 순례자들의 허기를 채워주기에 충분했고, 순례자들끼리 나누는 "부엔 까미노!"는 반갑고 힘이 되는 인사가 되었다.

가파른 내리막길이 시작되었다. 초반 숲길을 지나면 미끄러운 바위와 자갈 등으로 한 템포 느림을 알게 했다. 그리고 크고 작은 야생화는 순례자들의 눈을 사로잡았다. 이 길에서만큼은 인생의 목표를 묻는 사회, 꿈이 뭐냐고 묻는 사회, 그 목표를 도달하고 꿈을 이루어야 성공한 인생이라는 올가미로부터 자유로워지고 싶었다. 그래서 까미노의 목표를 혹여나 숫자에 두고 있지 않은지 멈춰 보는 연습을 해 보고 싶었다.

"언니, 이거 봐봐!"

"언니, 이 꽃 너무 예쁘지?"

"언니, 이 꽃도 예뻐. 우리 여기서 사진 한 장 찍자."

언니와 내가 동화 속의 소녀가 되어 걷던 길을 멈추고 서는 사이, 형부는 보이지 않았다.

아르가 강을 만나고 광견병 다리를 지나니 아담한 작은 마을 수비리가 기다리고 있었다. 헤렌다인 마을, 에로 고개를 지날 때의 뜨거운 햇살은 온데간데없고, 시원한 바람과 먹구름 틈으로 새어 나오는 햇살은 수비리 마을에 멈추는 순례자들에게 온전한 쉼과 휴식을 주었다. 주변의 작은 상점도 그랬고, 마을 사람들로 옹기종기 이야기꽃을 피우고 있는 식당들도 그랬고, 광견병 다리 아래에서 마을 사람들과 순례자들이 어울리는 풍경도 그랬다.

팜플로나에서 첫사랑을 만나다

나바라의 주도인 팜플로나는 처음으로 만나는 대도시로, 내 두 눈은 휘둥그레졌다.

마드리드에서도 바르셀로나에서도 들어올 수 있는 교통편이 발달된 도시로서 오늘의 발걸음은 유독 가벼웠다. 수비리에서 나와 공업지대를 지나고 나면 길은 대체로 평이했다. 그리고 끝없이 펼쳐진 밀밭길과 아르가 강을 따라 아름다운 오솔길이 이어지고 도시와 먼 풍경을 만났다. 수리아안 작은 마을을 지나고 트리니다드 데 아레의 중세 다리를 건너 팜플로나 시 외곽 비야바와 부를라다의 시가지를 걸었다.

마을과 마을, 도시를 이어가는 다리를 건널 때면 목적지 도착지에 대한 안도감이 확 다가왔다. 막달레나 다리를 건너 도시 성벽을 따라 돌아서 프랑스 문을 통과하자 성곽 안에 온화한 도시 팜플로나 구시가지와 대성당이 기다리고 있었다. 알록달록한 벽돌 건물과 높은 철탑으로 세워진 교회는 팜플로나가 중세의 모습을 고이 간직하고 있는 도시임을 보여줬다.

특히 구도심은 융성했던 과거를 보여주는 웅장함이 있었다. 팜플로나는 중세 스페인에 있었던 나바라 왕국의 수도였다고 한다. 로마 공화정 말기의 명장인 폼페이우스에서 유래되어 로마 시대에는 '폼페이오폴리스'로 불렸고, 나중에 '폼파일로'에서 다시 '팜플로나'로 불렸다고 한다.

까스띠요 광장을 둘러싼 고풍스러운 건물들은 팜플로나의 자존심을 보여주는 듯했다. 매년 7월 초 소몰이 행사로 유명한 '산 페르민 축제' 동상과 '헤밍웨이' 동상이 있었다. 스페인 곳곳에는 헤밍웨이가 사랑했던 도시들이 있는데, 그중에서 팜플로나는 그가 특히 좋아했던 도시라고 한다.

까페 '이루나'는 헤밍웨이가 자주 찾아갔던 곳으로, 그의 흔적들을 곳곳에서 볼 수 있었다. 그곳에서 난 학창 시절 문학소녀의 꿈을 꾸며 복잡한 통학버스 안에서 책장을 넘기고 헤밍웨이의 『노인과 바다』를 들고 다니며 폼 잡던 모습을 들켜 버린 양 얼굴이 붉어졌다. 그 순간 까스띠요 광장 너머로 붉은 노을은 노인 산티아고가 사투를 벌이는 바다와 같았다.

"어머님이 정신 차려야 합니다. 어머님 잘못이 아닙니다. 최선을 다하고 있으니, 믿음으로 기다려 주세요."

아픔과 고통으로 헤매는 자식 앞에서 아무것도 할 수 없었던 나는 살아만 달라고, 살려만 달라며 대학병원 중환자실 앞에서 울부짖었다. 그때 내 손을 잡고 함께 눈물을 흘려 주었던 의사 선생님 덕분에 오늘 난 이곳에서 노인 산티아고와 마주하고 있었다. 산티아고의 인내력을 시험하고자 했던 물고기와 바다 한가운데서 치열한 싸움을 통해 인내력과 결단력으로 용기와 희망을 던졌던 노인 산티아고를 만날 수 있었던 것이다.

때마침 딸에게 전화가 왔다.
"엄마, 지금은 어디세요?"
"응, 팜플로나 까스띠오 광장이야."
"정말? 거긴 대도시라 구경할 곳이 많겠네요? 첫날 선글라스도 망가졌다고 하셨는데, 그곳에서 잊지 말고 구입하세요."
"응, 그럴게. 고마워."
"감기 걸리지 않게 잘 챙기시구요. 특히 여권, 소지품, 핸드폰 조심하세요."
"걱정하지 마, 딸! 사랑해."
다시 살아가는 딸의 세상은 우리 모두의 축복이고 감사였다. 한때 '걸어 다니는 역사책'이라 불리던 딸은 팜플로나를 알고 있었고 언제나처럼 엄마를 생각하는 마음이 여전했다. 사진 찍기 좋아하고 깜박깜박하는 엄마를 위해 휴대폰과 전대 고리에 스프링줄까지 연결해 준 딸이다.

"뭐해? 빨리 가자."
멀리서 언니의 목소리가 들렸다. 구시가지를 따라 대형 백화점 및

음식점, 아시아 마켓 등이 즐비했다. 첫날 피레네산에서 배낭을 베개 삼아 하늘과 마주하다 납작코 된 선글라스와 산티아고 순례길 상징 인 조가비 등을 구입하며 까미노의 피곤을 잊고 있었다.

여기저기 도시의 불빛들이 켜지기 시작했고, 나의 발걸음은 알베르게 옆 대성당으로 향하고 있었다. 성당에서는 한창 미사가 진행되고 있었다. 사람들은 저마다 서거나 앉거나 자리를 지켰고, 난생처음 미사에 참여하는 난 맨 뒷자리에 숨죽인 채 앉아 있었다.

저 끝 앞자리에 우리 팀으로 보이는 낯익은 순례자 가족의 뒷모습이 보였다. 이십 대 아들과 부부가 함께 온 가족이다. 론세스바예스 알베르게에서 아주 친근감 있고 맛깔스런 언어 구사로 웃음을 주었던 부부로, 얼마 전 부인께서 뇌종양 수술을 하였다며 머리에 두건을 쓰고 있는 이유를 담담하게 말씀하시는 모습이 오히려 가슴을 먹먹하게 했었다. 난 그들의 뒤에서 앉았다 섰다를 따라 했다. 그리고 틈틈이 그들의 깊은 기도를 엿보기도 했다.

스페인어로 전달되는 신부님의 말씀은 능숙한 모국어인 양 울림으로 다가오기 시작했다. 어려서부터 개신교였던 난 교회를 다니지 않은 지 이십여 년이 되었다. 홀로서기를 해야 했던 나에게 신앙은 사치였고, 무엇보다 교인들의 시선이 두려웠다. 길을 잃은 어린아이가 엄마 품으로 돌아와 하염없이 울 듯 이곳에서 나도 그랬다. 축복의 땅 산티아고 순례길, 팜플로나 대성당에서 나의 첫사랑 하느님을 만나게 되었다.

용서의 언덕 페르돈 봉

'산티아고 순례길 중 힘든 구간으로 분류되는 페르돈 언덕을
가는 날로서 짐은 동키(배낭을 다음 숙소로 이동해주는 서비
스) 및 시스루 메노르를 지나 후 페르돈 언덕을 올라가는 구
간 및 정상에서 하산길 미끄러움 주의와 무릎 보호대 착용을
권유해 드립니다.'

전날 저녁 인솔자의 친절한 안내가 있었다.

매일 아침 순서대로 무릎 보호대 및 모자와 장갑을 챙기고 배낭을
둘러메고 등산화 끈을 야무지게 동여맨 뒤 양손엔 스틱과 일체가 된
지 나흘째, 배낭과 무릎 보호대와 스틱은 나의 든든한 동반자가 되
었다. 인천공항에서부터 팀원 중 한 사람은 내 가방에 관심이 많았
다. 하물며 내 배낭을 굳이 들었다 내려놓기를 반복하며 질문을 던
지기도 했다.

"설마 이걸 메고 걷지는 않겠죠?"

"……"

난 애써 미소로 화답했다. 순례길을 걸은 지 나흘째, 그는 여전히

내 배낭에 관심이 많았다.

"오늘도 배낭 동키 안 하실 건가요?"

"괜찮습니다. 아직은 견딜 만합니다."

처음부터 나는 배낭을 동키 서비스할 계획이 없었고, 앞으로도 그럴 생각이다. 분명 염려해 주고 걱정해 주는 관심일 텐데, 나에겐 불편한 친절이었다. 평소 산행 도중 미끄러워 넘어지거나 돌부리에 넘어지는 경우가 종종 있었다. 그때마다 나를 지탱해 주는 건 배낭이었다.

오래전 직장 동료와 청계산 산행을 할 때였다. 저 멀리 도시가 내다보이는 전망 좋은 장소는 뾰족뾰족한 바위였다. 그 위에 올라서자마자 등 뒤에서 밀어붙이는 봄바람에 여지없이 10미터 가까이 되는 낭떠러지로 떨어질 수밖에 없었다. 그러나 떨어지는 중간쯤 등에 멘 배낭이 나뭇가지에 걸렸고, 난 배낭 덕분에 구사일생으로 다친 곳 없이 구조되었다. 그 이후 가까운 산행 시에도 헤드가 있는 가방을 꼭 메고 다니는 습관이 생겼다.

팜플로나 시청 앞을 지나 도시를 빠져나오는 팀원들의 발걸음은 마치 행군하는 듯 씩씩하고 빨랐다. 불필요한 관심에서 벗어나고 싶어 나도 발걸음을 재촉했다. 나 역시 필요 이상의 친절을 베풀고 있지 않은지, 관심이라는 이유로 지극히 개인적인 해석에 갇혀 있지는 않은지 생각하는 동안 팜플로나 대도시를 등지고 있었다.

한적한 시골길 풍경이 이어졌다. 잔잔한 파도가 밀려오는 짙푸른 밀밭과 노란 물감을 쏟아 물든 유채밭 경작지가 끝없이 펼쳐졌다.

"언니는 밀밭을 보면 생각나는 거 있어?"

"응, 돌머리 해수욕장 바다로 고동과 게 잡으러 다녔잖아. 그때 늘 도시락과 신발, 옷가지를 밀밭에 숨겨 놓고 바다에 들어갔던 기억이 있어."

"그랬었지. 그때 나이 겨우 난 여섯, 일곱이고 언니는 아홉 살, 열 살에 우리에게 봄이면 생계였지."

"오월이면 양파 작업도 다녔잖아. 노란 단무지 반찬 하나에 도시락이 전부였던 때, 쭈쭈바 하나라도 주는 주인장을 만날 때면 그보다 더 좋은 행운은 없었지."

"맞아, 맞아. 그래도 양파 작업은 할 만한데 밀 베는 작업, 보리 베는 작업할 때 더위와 보리 수염에 피부들이 따갑고 상처들이 많았었 잖아."

"하루 품삯 200원, 250원이었지. 넌 밀밭 하면 뭐가 제일 먼저 생각 나?"

"엄마한테 야단맞을 때면 밀밭 속에 숨었다가 잠들어 버리곤 했던 기억이 나." (깔깔깔)

"끊임없이 부쉈다가 채우는 우리네 도시와 달리 소들이 뛰어노는 목장과 끝없는 경작들이 품은 정감은 이런 어릴 적 경험들이 있어서 일 거야."

앞서가는 형부는 두 자매의 옛날 옛적 이야기로 깔깔거리는 소리가 신기하게만 보이는 듯 뒤돌아보곤 했다. 그때마다 우리는 약속이

라도 한 듯 빠른 발걸음으로 형부의 속도와 맞추었다. 앞서거니 뒤
서거니 하는 팀원들과 순례자들도 발걸음의 속도가 맞춰졌다.

"올라!"

"부엔 까미노!"

수비리 알베르게 마당에서 몇 마디 인사를 나눴던 순례자, 부부가
함께 걷는 러시아인 순례자, 팀원 중 재치와 사교성이 좋은 친구, 울
긋불긋한 복장과 덥수룩한 수염, 볼록한 근육이 예사롭지 않은 프랑
스 순례자들과 사진을 찍으며 까미노 친구가 되었다.

경작길 사잇길과 흙길에 자연 그대로 몸이 닿고 까미노 친구들과
걷다 보니, 그늘 없는 언덕길도 숨 고르게 했다. 오르막길은 계속되
었고, 몸이 지쳐갈수록 내려다보이는 풍경은 더욱 아름다웠다.

저 멀리 하얀 풍력 발전기는 점점 크게 다가왔고, 페르돈 봉 순례자
기념물(철로 만든 중세 순례자)을 만났다. 팜플로나의 경관을 등지

고 있는 순례자 기념물의 모습을 보니, 강한 공기의 저항을 뚫고 강철로 된 12명의 조각상 순례자의 발걸음이 우리가 가는 방향으로 향해 있었다. 길 떠나는 순례자, 말을 탄 상인들을 표현한 조각상들에게서 중세에서 현재에 이르는 역사를 본 것 같았다.

거센 바람은 머리카락으로 얼굴을 휘감게 했고, 길게 뻗은 수십 개의 풍력 발전기는 제주도에서 느꼈던 바람과 사뭇 달랐다.

'왜, 용서의 언덕이라 했을까?'

이 길에서 '용서'라는 것은 누구를 용서해야 한다는 것일까? 무엇으로 용서를 구해야 한다는 것일까? 이 길에 서면 모든 것들이 다 용서가 된다는 것일까?

그랬다. 거친 숨을 내쉬며 언덕을 오르고 오르는 순례자들의 눈을 마주치며 달래주는 밀밭이 있었다. 길게 줄지어진 하얀 풍차는 순례자들의 구슬땀을 씻어주었고, 10kg 가까이 되는 배낭의 무게를 지탱해 주는 건 눈앞에 펼쳐지는 내리막길이었다. 힘들게 올라왔으니 이제 내려갈 일만 있었다.

그렇다. '오르막이 있으면 내리막이 있다'고 수없이 주문을 외우며 살아온 55년 인생이 여기서 맞닿았다. 모든 것이 끝날 것만 같은 길에서도 버틸 수 있었던 것은 오랫동안 함께 해 왔던 여성운동 활동가들이었다. 그리고 늘 응원하는 딸과 아들이었다. 그들은 나에게 버팀목이었고 지지자였다. 용서의 언덕에서 난 용서보다는 '감사'가 먼저였다. 뜨거운 태양볕보다 더 뜨거운 눈시울을 들킬까 봐 먼 하늘을 올려다보았다.

저희랑 같이 밥 먹어요

푸엔테 라 레이나 마을은 궁전, 기념물, 교회로 가득 찬 좁은 거리가 특색이었다.

특히 여왕의 다리(로마네스크 다리)는 이 도시의 대표적인 기념물이었다. 즉, 푸엔타 라 레이나 마을 이름이 스페인어로 곧 '여왕의 다리'라는 뜻이라 한다. 물살이 센 아르가 강을 건너는 순례자들의 안전을 위한 산초 3세 부인이 로마네스크 양식의 아름다운 다리를 만들어 준 것으로부터 유래됐다고 하는데, 여섯 개의 반원형 아치와 한 개의 잠긴 아치형으로 되어있었다. 양 끝과 가운데에 방어용 탑이 있으며, 가운데 탑에는 '푸이의 성모' 또는 '초리의 성모'라고 하는 르네상스 양식의 성모상이 있었다.

전날 해 질 녘에 바라본 다리와 이른 아침 햇살이 비치는 다리 풍경은 너무도 달랐다. 도시와 도시를 이어주는 아르가 강 여왕의 다리는 순례자들의 발걸음을 잠시 멈춰 서게 했다. 삼삼오오 사진을 찍는 동안 전날 미리 다녀온 언니와 난 여유로운 발걸음으로 먼저 앞서갔다.

등 뒤의 하늘은 벌써 활활 타오르고 있었다.

"오늘도 날씨는 우리에게 축복을 주는구나."

언니는 신이 난 듯 툭 던지며 앞서가는 형부 뒤를 콩콩콩 쫓아갔다. 뜨거운 태양만큼이나 긴 그림자를 앞세울 때면 언제나처럼 익숙한 벨소리가 들려왔다.

"응, 우리 딸!"

"엄마, 걷고 계세요? 컨디션 어때요? 날씨는요? 이모는요?"

"아이고, 하나씩 질문하자, 딸아."

"오늘은 쉬는 날이라 아침 일찍 옥상 화초에 물도 뿌리고 세탁기 돌리고 아빠랑 아점 먹으려구요."

"엄마, 오늘도 화이팅! 사랑해요."

밝은 목소리에 나의 발걸음은 더욱 가벼워졌다.

혼자 있는 시간을 잘 보내고 있다는 듯 영상 통화로 집안 곳곳을 보여주기도 하였다. 어쩌면 딸도 이런 기회를 기다려 오지 않았을까. 엄마의 감정을 읽어야 했던 순간을 벗어나고 싶었을 거고, 엄마의 분노에서 도망치고 싶지 않았을까. 무엇보다도 자유를 찾고 싶지 않았을까.

"응, 엄마도 사랑해."

목이 메인 목소리를 들키기라도 할까 봐, 목소리 톤을 높였다. 그리고 도망가듯 발걸음을 재촉했다.

언덕길과 마을이 이어졌고 밀밭, 유채꽃, 올리브 나무, 이제 막 새순을 돋는 포도밭들이 어우러진 풍경들은 장관을 이뤘다. 넓은 평야 지대에서 그늘을 찾기란 쉽지 않았기에, 어쩌다 만나는 길가의 나무 그늘은 모두의 쉼터가 되기도 했다. 전날 준비한 바게트 빵과 이른 아침 언니가 삶은 달걀은 허기진 배를 채워주었다.

바람에 일렁이는 밀밭이 끝도 없이 이어지고 있었다. 산티아고 데 콤포스텔라를 향해 서쪽으로 22km를 걸어 당도한 곳은 오늘의 목적지인 에스테야Estella였다. 에스테야는 오래된 성당이 있는 큰 도시였다. 작은 성당 옆에 위치한 사립 알베르게에서 며칠 만의 호사를 누리게 되었다. 언어도 다르고 생김새도 다른 사람들끼리 작게는 학교 교실 크기, 크게는 학교 대강당 같은 알베르게와 달리 네 명, 여섯 명, 들어가는 소형 룸들로 깨끗한 시설과 통창 너머 정원까지 보이는 예쁘고 아담한 방에서 언니, 형부, 그리고 팀원 중 한 사람인 농협 오라버님(농협 근무하다 정년퇴임)과 넷이서 지내게 됐다.

퇴직 후 혼자 오신 오라버님은 형부랑 비슷한 나이로 자연스럽게 친해지게 되었다. 귀를 쫑긋 세워야 알아들을 수 있는 중저음에 느린 말투와 가끔 툭 던지는 아재 개그는 썰렁한 분위기를 연출하기도 했다. 공항에서 보라색 개량 한복 차림에 큰 여행용 트렁크가 눈에 띈 가방의 실체를 자세히 들여다볼 수 있는 날이기도 했다.

"오라버님, 그 큰 트렁크에 뭐가 가득 들어 있어요?"

"별거 없어요. 옷 몇 벌인데 마누라가 싸 준 대로 가져와서 나도 잘 모르겠네요."

얼른 보기에 종류별로 담아진 작은 파우치 몇 개와 영양제 등 건강식품 등이 보였다. 매일 가방 배달 서비스를 이용하고 있었으며, 작은 배낭에 간식과 음료 등을 챙겨 다녔다. 혼자 식사를 챙겨 먹거나 요리를 해 먹는데 전혀 익숙하지 않아 끼니때를 참 난감해하는 분이었다. 피레네산을 넘던 날 론세스바예스에서 우연히 한 테이블에서 식사를 하면서 친해졌다.

"오늘 식사는 어디서 할 건가요?"

"알베르게 주방에서 직접 요리해 먹을 겁니다. 여기서 같이 식사해요."

그는 두리번거리다 그냥 조용히 나가셨다. 아마도 숟가락 얹기가 미안했던 모양이었다.

"우리가 나가서 식사할 걸 그랬나?"

언니와 난 괜시리 미안한 마음에 서로 눈빛만 바라봤다. 혼자 이 길을 서기까지 그 누구보다도 고민을 많이 했을 거라는 주제넘은 생각

을 해봤다. 잠시 후 그가 다시 들어왔다.

"제가 먹을 수 있는 양이 조금 있을까요?"

"어서 오세요. 저희랑 같이 드셔요."

혼자 들어가 먹을 수 있는 Bar가 여의치 않았다며 돌아온 오라버님은 우리나라 전형적인 가부장적 문화에 길들여진 사람 같았다. 주방을 이용하는 경우도 없었으며, 혼자 드실 경우 간단한 빵이나 음료로 대신하고, 일상화된 혼밥을 한 번도 해보지 않았다고 했다. 어쩌면 그분에게는 퇴직 후 일상생활이 도전일지도 모르겠다는 생각이 들었다. 이런 어려움을 겪는 이가 그분만은 아닐 것이다.

그동안 한국 사회는 일만 잘하면 된다는 남성 중심적인 문화이지

않았는가? 남자가 주방에 들어가면 큰일 날것처럼 밀어내곤 했으니.
언제부터인가 간 큰 남자 시리즈 유행어 중 '삼시 세끼 밥 달라 하는
남자'가 떠올랐다. 어쩌면 그에게는 산티아고 순례길이 평생 직장인
에서 일상으로 돌아온 남자의 삶을 살아남기 위한 연습의 길일지도
모른다는 생각이 들었다.

한적한 에스테야의 오후는 바람으로 가득 찼고, 안락하고 포근한
알베르게의 밤은 그 어느 날보다도 일찍 불이 꺼졌다.

목마름을 달래주는 와인샘을 만나다

"좋은 아침입니다. 정말 잘 잤습니다."

눈을 뜨자마자 언니도 형부도, 그리고 팀원 오라버님도 약속이라도 한 듯 한목소리로 인사가 오갔다. 네 명이 머문 안락한 룸과 튼튼한 원목 침대에서 모두가 숙면을 취한 아침은 다른 때와는 달리 생기가 맴돌았다.

언니는 며칠 전 아시아 마트에서 준비한 신라면을 끓였다. 평소 라면을 그닥 좋아하지 않는 난 아침부터 라면을 먹는다는 건 상상할 수 없는 일이었다. 하루 세 끼는 꼬박꼬박 먹어야 한다는 언니의 신념에 어느새 길들어져 가고 있었다.

"언니, 나 한 젓가락 더 줘."

"아침부터 라면 왜 먹냐면서?"

형부의 귀여운 투덜거림도 외면한 채, 남은 국물까지 후루룩 마셨다.

"네가 많이 안 먹는다 해서 두 봉만 끓였는데, 이렇게 잘 먹을 줄 알았더라면 세 봉 끓일 걸 그랬다."

형부와 동생을 챙기느라 언니는 먼저 젓가락을 내려놓았다. 스페인의 에스테야에서 먹는 한국의 신라면에 고향을 그리워하는 마음

이 스몄을까? 아니면 언니가 라면을 너무 잘 끓여서일까? 집 나오면 다 맛있다는 말이 적중했다.

"언니, 오늘은 와인샘을 만나는 날이니 얼른 가자."

난, 미안한 마음에 대화의 방향을 바꾸며 발걸음을 재촉했다.

등 뒤의 붉은 태양은 온통 하늘을 뜨겁게 달구며 고개를 내밀기 시작했다. 한참을 걷다가 서둘렀던 발걸음을 멈추고 몸은 뒤돌아서 태양과 눈을 마주했다. 구부러진 길 위에서 벌써 엿새째 깊은숨을 들이마시고 있었다. 순간순간 움켜쥐었던 가슴 명치도 숨을 쉬기 시작했다.

"언니, 같이 가.'"

애써 목소리를 높이고 배낭의 무게를 버티며 뒤뚱뒤뚱 뛰는 시늉을 했다. 에스테냐 마을을 빠져나올 즈음 대장장이 헤수스네 소품 가게가 있었다. 쎄요(스탬프)도 찍어주고 구경도 할 수 있었다. 이른 아침 문을 열고 있는 대장간 가게도 신기했고, 다양한 물건들이 눈에 번쩍하고 들어오던 차에 발걸음을 재촉하는 사람이 있었다.

"와인샘에 빨리 가야지!"

이른 아침 쎄요만 받고 가기엔 마음이 불편한 언니와 난 투덜투덜하며 형부의 뒤를 따랐다.

"부엔 까미노!"

"올라!"

앞질러 가는 순례자들의 인사는 덩달아 걸음에 힘을 실었다.

한 시간 정도를 걸어 이라체 수도원 근처 양조장을 지나게 되었다. 목마른 순례자들의 목을 축일 수 있는 이라체 수도원의 와인샘은 주변에 와인 농장들이 많다 보니 순례자들을 위해 하루에 적당량을 준비해 놓고 순례자들에게 무료로 제공한다고 한다. 이라체 보데가스(술도가) 집 담벼락에 두 개의 수도꼭지가 나란히 보였다. 하나는 와인, 다른 하나는 물이 나왔다.

'순례자여. 이 위대한 와인 한잔이 부디 그대들이 산티아고까지 무사히 갈 수 있는 힘과 활력, 행복이 되기를 바랍니다.'

와인샘 옆에 쓰인 문구는 앞으로 나아갈 힘과 응원을 더해 주었다. 먼저 도착한 두세 명의 외국인 순례자들은 수도꼭지에 입을 대고 한 모금을 길게 마셨다. 미리 준비한 컵이나 통이 없는 듯했다. 나는 콸콸 쏟아져나오는 레드와인을 전날 준비한 작은 물병에 담았다. 평소 와인을 즐겨 마시지만, 이른 아침에 마셔 보는 건 오십 평생 처음이다. 달달한 맛을 좋아하는 나에겐 약간 떫은맛이긴 했지만, 공짜라는 기분이 입안을 더욱 달달하게 가득 채웠다.

"순아, 그러다 취할라. 오늘 갈 길이 멀다."

한 모금 한 모금 연거푸 마시는 동생이 걱정됐나 보다.

목마른 순례자들에게 포도주로 제공되는 나눔과 배려가 깃든 와인샘에서 힘과 활력을 얻으며 로스 아르고스를 향해 좁은 숲길로 접어들었다. 숨을 몰아쉬며 굽이굽이 오솔길과 밀밭, 끝없는 포도밭은 이곳이 와인 생산지임을 확신하게 했다.

조용한 시골 마을을 여럿 지나 만난 로스 아르고스 마을은 일렬로 정렬된 단아한 모습이었다. 마을 입구 Bar 그늘진 담벼락에 기대어 앉아 있는 순례자, 옹기종기 모여 시원한 맥주를 마주하고 있는 순례자 등 약속이라도 한 듯 오늘 걷는 순례자들이 다 모여 있는 듯했다. 중간에 푸드트럭 외 쉴만한 Bar가 없었고, 마침 점심 식사할 시간이기도 했다.

"형부, 얼른 오세요."

"처제, 그 큰 배낭을 메고 여전히 씩씩하네요."

어느새 팀원들은 스스럼없이 언니, 오라버님, 누나 등으로 친근감

을 더했다. 팀원 중 몇몇은 나를 처제라 불렀고, 형부 또한 만인의 형부로 불렸다. 조용하고 말수가 적은 언니와 달리 나는 매사에 적극적이고 열정과 정의가 불타오르고 있었다. 나의 이런 뜨거운 성격은 어릴 적 가난과 남아선호로 겪은 차별에 저항하며 능력을 키우고 용감하게 사람들 앞에 나서는 사람으로 만들어 주었다. 그렇게 나는 여성인권 활동가가 되었고, 산티아고 순례길에서는 누구나와 대화하는 친화적인 사람이 되었다.

오늘의 목적지인 산솔까지 7km를 더 가야 하는 버거움이 있었지만, 그냥 지나치기엔 아쉬운 성당 앞에서 걸음을 멈췄다. 산티아고 길에서 제일 높다는 종탑 옆, 입구 홀에 십자가 정문이 눈에 띄었다. 빛이 들어오는 성당 내부는 유독 반짝이며 아름다워 보였다. 하루 정도 머물면서 천천히 둘러보았으면 하는 아쉬움을 안고 몇 컷의 사진을 담았다.

끝없이 펼쳐진 밀밭길과 포도밭 사이를 걷다 보니, 저 멀리 언덕 위에 우뚝 선 십자가와 아담한 마을 산솔이 기다리고 있었다. 나는 어느덧 절대 비굴하지 않은 자연을 품은 까미노에 익숙해지고 있었다.

동화 속 같은 산솔마을에서 꿈을 꾸다

피레네산을 넘어온 이후 두 번째로 긴, 28.1km의 길을 걸었다. 이라체 와인샘에 대한 기대와 알코올 몇 모금의 힘, 그리고 굽이굽이 산길과 포도밭과 밀밭의 평화로운 길 위에서 그 어떤 힘듦도 행복을 넘어가지 못했다.

드디어 마주한 산솔은 원래 산 소일로 수도원의 영지로 마을과 수도원, 성당의 이름은 순교한 코르도바 출신의 성인 산 소일로에서 유래한 것이라고 한다. 알베르게는 다른 지역과 달리 한국의 북촌 마을을 생각나게 했다. 알베르게 입구에 AN 1702가 새겨 있는 걸로 보아 300년이 넘은 주택임을 알 수 있었다. 넓은 대문을 들어서자 큰 키에 훤칠한 주인장은 "안녕하세요?"라며 우리를 맞이했다.

크리덴셜에 쎄요를 찍으며 미소를 지어주시는 주인장은 어느 서부 영화에서 본 듯한 여유로운 농장 아저씨 같았다. 도착 순서대로 방 배정을 하는 인솔자도 함께 맞이해 주며 이층으로 안내를 해주었다. 소수 인원이 들어갈 수 있는 곳으로서, 오늘도 우리 팀 순례자들끼리 머물 수 있어서 한결 마음이 놓였다. 넓고 깔끔한 외부 테라스에 위치한 세탁실과 각 룸 내부에 화장실과 샤워부스도 함께 있었다.

또한 직접 조리가 가능한 주방과 넓은 거실은 먼 길을 걸어 온 순례 자들에게 최고의 조건이었다.

여느 때와 마찬가지로 짐을 풀고 곧바로 샤워와 빨래를 하고 마을 구경에 나섰다. 사방에 밀밭과 포도밭으로 둘러싸인 산솔 마을은 구름 한 점 없는 하늘과 맞닿아, 마치 바다 위에 배 한 척이 떠 있는 듯했다. 때마침 스페인의 시에스타Siesta 시간으로 거리엔 사람 한 명도 없고, 가게들은 문이 굳게 닫혀 있었다. 오직 뜨겁고 눈이 부시도록 반짝이는 태양만이 마을을 지켜 주고 있을 뿐이었다.

시에스타는 점심 식사 후 약 두 시간가량 수면을 취하는 스페인의 전통적인 관습이라고 한다. 스페인 사람들은 일반적으로 점심과 저녁 식사를 늦은 시간에 하고 밤 시간을 활발히 보내는 습관을 가지고 있다고 한다. 이러한 생활 습관으로 피로를 해소하고 에너지를 충전하는 낮잠 문화는 오후 2시부터 4시 사이로, 이 시간에는 영업을 중단하기도 한다. 보통 아침 6~7시쯤 출발하여 알베르게 도착할 즈음이면 이 시간과 겹치게 되는 것 같았다. 큰 도시엔 문 연 가게들을 간혹 볼 수 있었는데, 이처럼 상점 한 곳, 현지사람 한 명도 보이지 않은 경우는 처음이었다.

순례자들은 대부분 까미노 도중 점심 식사를 하게 된다. 다행히 언니와 난 로스 에르고스에서 점심을 먹고 걸었다. 다만 언제나처럼 시원한 쎄르베싸(맥주) 한잔을 시원하게 마시고 싶을 뿐이었다.

산솔 마을 맨 위에 산소일 성당은 석조 건물로서, 단아하고 사각형의 높은 기둥과 종이 있는 기다란 탑이 돋보였다. 내부에는 거대한

성 베드로 상이 안치되어 있었다. 산소일 성당에서 내려다보이는 밀밭 길은 은빛 물결로 하늘거렸고, 단아한 지붕들은 빛을 쏘는 태양과 마주하고 있었다.

"언니, 또 땅 보러 다니셔요?"

피레네산 초입부터 나와 숨 가쁘게 숨 고르기를 했던 긴치마를 입은 영이였다.

"무슨 땅 보러 다니는데?"

옆에 있던 팀원 한 명이 진지하게 질문을 던졌다.

"저기 세 분은 매일 땅 보러 다니는 걸 모르셨어요?"

언니와 난 알베르게에 짐을 푼 뒤 그 지역 문화를 알아가는 재미에 빠져 있었다. 이를 지켜본 영이는 며칠 전부터 스페인에 땅 보러 왔냐며, 우리의 체력을 높이 평가하곤 했다.

"기다려봐! 좋은 땅, 좋은 집 구입해서 식당 차릴 거야."

평소 요리를 좋아하는 난 무심코 식당 차린다는 말을 던졌다.

"너라면 충분히 할 수 있겠다."

언니는 옆에서 힘을 실어주었다.

"그래, 그래 볼까?"

"네가 좋아하는 사방이 뻥 뚫리고 풍경도 좋고 마을도 아담한 이곳이 좋다."

"정말 내가 좋아하는 마을 딱이네."

옆에 있던 영이는 우리의 부푼 꿈에 엄지척을 하며 말했다.

"역시, 땅 보러 다니는 이유를 알았어."

"언니, 저도 일 잘해요. 저 직원으로 채용해 주시면 안 될까요? 그렇지 않아도 산티아고 순례길을 걷고 돌아가면 저 백수거든요."

"당연하지. 걱정하지 마."

꿈은 꾸라고 있는 것이라고 누군가 했던 말이 생각났다. 돈 들어가는 것도 아닌데 함께 꿈을 꾸고, 영이 소원도 들어주고 인심도 팍팍 베푸는 동안 어느새 바람이 차가워졌다. 거리에 사람이 보이기 시작했고 양손엔 시장 본 물건들을 쥐고 있었다.

"마트 문 열었나 보다."

약속이라도 한 듯 우린 마트로 달려갔다. 우리의 저녁 메뉴는 바질 파스타와 토마토 볶음이다.

"언니, 역시 메뉴 연습을 바로 들어가는군요."

영이의 발랄한 재치는 오후의 행복을 가득 채워주었다.

세상에 혼자라고 느껴졌을 때, 삶이 나를 배신했을 때 난 산티아고 순례길을 알게 되었고, 그 이후 난 이 길 위에 서 있는 나의 모습을 상상하며 꿈을 꿔 왔다. 그리고 그 꿈은 현실이 되어 나는 지금 이 길을 걷고 있다. 꿈은 현재와 미래를 이어주는 큰 희망인 듯싶다. 오늘 나는 영이 덕분에 이 길 위에서 또 다른 꿈을 꾸고 있다.

나와 마주한 로그로뇨

리오하주 주도인 로그로뇨까지 약 21.1km 정도 거리이다. 알베르 게를 나오니 아직 사람의 기척도 없고 산솔 마을은 정적에 덮여 있었다. 순례자들의 발소리만 들렸다. 순례자들은 이른 아침 마을 사람들이 잠을 깰까 봐 마을에선 스틱을 접은 채 목소리를 거의 내지 않은 매너에 익숙해져 있었다.

톨레스 델 리오Torres Del Rio 마을이 바로 이어졌고, 높지 않은 오르막과 내리막의 연속으로 걷는 재미를 더해 주었다. 특히 또레스 델 리오의 공동묘지는 저 멀리서 떠오르는 붉은 햇살로 비석들마다 서로 다른 빛이 나고 있어 눈길이 한참을 머물렀다. 아침을 굶은 순례자의 목구멍에선 당그래질을 하였으나, 공동묘지 바로 옆 샘물을 차마 마실 수가 없었다. 아직 난 순례자의 자격이 없는 걸까? 생장에서부터 화장실 세면대 물을 식수로 받아먹었던 것과는 또 다른 기분이었다. 한참을 머뭇거리다 기다리는 순례자들이 있어 발걸음을 돌렸다.

일주일째 걷는 길 위의 친구들이 익숙해져갔다.
"올~라!"

　큰소리로 인사를 건네는 친구, 알베르게 추억을 공유하며 오늘의
일정을 묻는 친구, 미소로 인사를 나누는 친구들이 하나둘씩 늘어났
다. 특히 수비리 알베르게에서 무뚝뚝한 표정과 말투로 무언가 못마
땅한 표정을 지었던 외국인 순례자 아저씨도 눈이 마주치자 가벼운
목례로 화답했다.

　일곱 살 정도 되어 보이는 아이는 가다 서다를 반복하며 뒤따라오
는 동생과 엄마 아빠를 기다리면서도 흥겨운 듯 콧노래와 왈츠 스
텝으로 지루함을 달래는 듯 보였다. 엄마 아빠는 서너 살쯤 되는 아

이를 작은 수레에 태우고 유유자적 걸었다. 이탈리아에서 왔다고 했다. 어린 두 자녀와 구부러진 이 길을 걷는 엄마 아빠의 선택과 결정이 너무도 멋져 보였고, 그 곁에서 걷는 아이의 여유로움과 단단함이 보였다.

작은 역경에도 누군가를 원망하고 분노하다 지치고 쓰러지다, 겨우겨우 나뭇가지 하나를 붙잡는 심정으로 살아가는 어른인 나와는 달리 저 아이는 어려서부터 살아가는 방법과 견디고 헤쳐 나가는 지혜가 가득해 보였다.

길 위에서 젊은 친구들을 보면 다시 한번 바라보게 된다. 체력만으로 걸을 수 있는 길이 아니기에, 그들의 선택이 더욱 대견스럽다. 우리 팀에도 20대 남자 친구 두 명이 있다. 부모님과 같이 왔으나, 따로 또 같이 걷고 있었다. 아는 형님과 같이 왔다는 친구는 말수가 없어, 혼자 걷고 혼자 있는 모습들이 익숙해 보였다. 어떤 용기와 각오로 이 길을 선택했는지 묻고 싶은 마음이 있지만, 꼰대 어른이 될까봐 조심스러웠다.

발에 무게가 실리기 시작했다. 어느 정도 걸었을지 거리를 짐작하게 되었다. 내 등에 배낭과 내 발의 무게가 아무리 무거운들, 삶의 무게보다는 낫다는 생각이 들었다. 그래서 어쩌면 나는 이 무게를 즐기고 있는지도 모른다.

길가의 여러 가지 기념품들도 만나고, 포요 성모 성당 등 마을과 마을의 성당에 들러 쎄요도 받았다. 특히 포요의 성모 성당은 고딕 스

타일로 지어져 있었고, 산티아고 길에서는 오르코스와 비아나 사이에 있는 성당이라고 한다.

오르막길과 내리막길의 반복은 순례자들에게 들숨과 날숨과도 같았다. 비아나 초입의 오르막길은 한 사람 한 사람 순례자들을 먼저 앞세웠다. 거칠어진 숨소리는 점점 버겁게 했다.

비아나 산타마리아 성당에는 아름다운 외부 조각과 함께 성 야고보 상이 있었다. 그냥 지나가기엔 많은 아쉬움이 남는 성당이다. 하루 정도 머물고 싶은 비아나를 뒤로 한 채 아르코스 마을을 나오니 로그로뇨까지 흙길과 카냐스 저수지를 우회하는 육교를 건너 리오하주에 들어서게 되었다. 품질 좋은 와인으로 유명한 로그로뇨를 짐작케 하는 양쪽 포도밭들이 펼쳐져 있었다. 포도가 익을 무렵 이 길을 다시 걷고 찾고 싶은 꿈은 아직 힘들지 않다는 확실한 징표였다.

　피에드라 다리를 건너기 전 인공 족욕탕은 순례자들의 만남의 장
소인 양 많은 순례자를 만날 수 있었다.

　"올라!"

　활기찬 인사는 인사 챌린지처럼 이어졌고, 뒤에 오는 순례자들에
게 자리를 양보하는 배려는 뜨거운 발을 벌써 녹여주고 있었다. 에
브르 강은 아주 큰 강으로서 스페인 칸타브리라 산맥에서 발원하여
스페인 동남쪽을 관통하여 지중해로 흘러간다고 한다. 에브르 강을
낀 피에드라 다리 너머로 한 폭의 그림 같은 도시 로그로뇨가 기다
리고 있었다.

발뒤꿈치의 곪은 상처 또한 내 인생의 동반자

며칠 전부터 생긴 오른발 뒤꿈치의 물집이 염증으로 곪아가기 시작했다. 간밤에 손으로 꾹꾹 짜내고 거칠어진 살결들을 도려냈던 자리에 통증으로 잠이 깼다. 손으로 불빛을 가리고 휴대폰의 시계를 확인했다. 새벽 3시, 한참을 더 자야 할 시간이었다. 침낭 속에 발을 움직이려면 침낭의 지퍼를 내려야 했다.

"찌.르.륵."

침낭의 지퍼를 한땀 한땀 내리기 시작했다.

"뿌.석.뿌.석."

침낭 속에서 발을 움직일 때마다 침낭 소리가 유난히도 크게 들렸다. 이층 침대의 삐그덕 소리는 조용한 알베르게 실내에서 더욱 요란한 소리로 들렸다. 순례자들의 단잠을 깨울까 봐 옆 침대, 일층 침대를 힐끗힐끗 살피며 한발 한발 올려 본다. 야무지게 부친 밴드는 침낭 안에서 나뒹굴고 있었고, 고름을 짜낸 자국에서 끈적거리는 진물이 손에 잡혔다. 어둠 속에서 쪼그리고 앉아 다시 꾹꾹 누르며 손수건을 갖다 댔다. 어금니에 힘이 들어갈 때마다 눈물이 뚝뚝 떨어졌다. 발뒤꿈치의 곪은 상처는 내 안의 상처와 마주하고 있었다.

믿었던 사람으로부터 신뢰가 무너졌을 때 스스로 아무것도 할 수 없었던 때가 있었다. 홀로서기의 가장 큰 장애물은 경제력이었다. 그러나 꿈도 많고 욕심도 많은 두 아이 앞에서 약해진 모습만큼은 보여 주고 싶지 않았다. 아이들의 선택권마저 박탈하며 어른들의 잘못으로 불안해하는 두 아이의 표정을 난 지금도 잊을 수 없다.

울고 싶었으나 울 수가 없어 밤이면 이불 속에서 숨죽여 흐느끼다 퉁퉁 부은 얼굴로 출근할 때면 눈치 빠른 직장 선배는 굳이 필요하지도 않은 사무실 비품을 사 오라며 나를 사무실 밖으로 내보내 주셨다. 어떤 날은 전날 숙취로 힘들다며 점심시간을 앞당겨 가까운 바닷가로 데려가기도 했다. 업무 특성상 지속할 수 없는 근무 형태로 1년여 만에 우리 모두 각자의 길로 뿔뿔이 흩어진 후에야 알게 되었다. 전날의 숙취 핑계는 나를 잠시나마 바람이라도 쐬게 해주려는 배려였다는 것을. 그렇게 하루하루 견뎌왔고, 살아내고 있었다.

아리고 쓰라리지만, 소리를 낼 수가 없었다. 어쩌면 이런 아픔쯤이야 얼마든지 견딜 수 있었다. 조금씩 끈적거리는 진물이 멈추기 시작했고, 통증도 가라앉았다.

'미안하다, 그리고 고맙다.'

매일매일 발과 인사를 나누며 바셀린으로 마사지도 해 줬던 정성이 무색했다. 내 발은 마사지가 아니라 쉬고 싶은 욕구를 이런 방식으로 전달하고 있다는 것을 알 수 있었다. 제주 올레길을 걸을 때 삼일째부터 발바닥과 발가락에 물집이 크게 생긴 적이 있었다. 그때는 얇은 등산 양말 한 켤레만 신었지만, 이번엔 바셀린으로 마사지도 해가며 발가락 양말을 신고 그 위에 울 양말을 신었다. 신발 또한 이 길에서 나와 나란히 서기 위해 6개월 동안 트레킹과 등산으로 훈련해 왔다.

더군다나 6년째 고혈압, 당뇨약뿐만 아니라 3년 전부터는 갑상선 기능저하증 약을 매일 복용하고 있어 더 세심한 주의를 하고 있다. 또한 각종 과일 및 알레르기 식품들이 늘고 있어 상시 약을 곁에 두고 음식 섭취를 하고 있다. 40일간의 배낭을 꾸릴 때에 약을 2kg을 들고 온 이유가 여기에 있다. 그러나 인생에서 내가 아무리 조심한다고 해도 피할 수 없는 일들이 일어나듯이 상처도 마찬가지였다. 구부러진 길 위에서 발바닥의 상처 또한 인생의 동반자처럼 친해져야 할 것 같았다. 산티아고 순례길은 나를 숨 쉴 수 있도록 말없이 배려해 주신 직장 선배처럼, 걷다가 가끔은 내 발도 쉬어 주게 하는 멋진 주인장이 될 기회를 주고 있었다.

알베르게에 불이 하나씩 켜지기 시작했다.

빨리! 빨리! 뛰는 우리, 손잡아 주는 나바레타인!

오늘 걸어야 할 거리는 나헤라 이전 마을 벤토사Ventosa까지 21km로, 갈림길에서 유의하라는 인솔자의 안내와 17km 지점 갈림길에서 구글 지도 좌표를 보며 걸어야 한다는 안내가 있었다. 대도시에서 순례길 루트를 찾아가기엔 쉽지 않아 인솔자와 함께 출발했다.

시가지를 거의 빠져나갈 무렵, 빨간 건물에 낯익은 간판이 눈에 띄었다. 'KIA' 기아자동차 판매 영업소였다.

"우와~ 우리나라 기아다!"

나도 모르게 큰 소리로 외치는 바람에 순례자들은 걸음을 멈추고 한바탕 웃음바다가 되었다.

초반 로그로뇨Logrono 시가지만 벗어나는 데, 거의 한 시간이 걸렸다. 시내 외곽까지는 포장 보도길로 곪은 상처를 짜낸 발뒤꿈치에 충격은 더 무겁게 전해졌다. 나헤라까지 예정이었던 오늘의 걷기는 숙소 관계로 벤토사까지 21km만 걸으면 된다. 그라헤라 저수지를 지나 공원을 지나 그라헤라 봉까지 8.8km의 오르막은 순례자들의 거친 숨소리에 발의 장단을 맞췄다. 그라헤라 봉 아래로 펼쳐진 들판에는 키 작은 포도밭들이 장관을 이뤘고, 저 멀리 나바레타 작은 마을이 보이는 순간, 무거웠던 발걸음은 경쾌해졌다.

　나바레타는 1185년 순례자를 위한 '산 후안 데 아끄레타 병원'이 설립된 곳이라고 한다. 그 병원 터를 지나 마을 입구 오른쪽에 위치한 Bar에서는 약속이라도 한 듯 먼저 온 같은 팀 순례자들이 반갑게 맞아 주었다.

　오늘 머물게 될 벤토사는 작은 마을로서 마트와 식당이 거의 없으며, 주방시설이 있는 알베르게로, 필요한 물건은 이 지역에서 사야 한다는 주변 순례자들의 정보 공유가 시작되었다. 주문한 뜨거운 커피를 원샷으로 후루룩 들이마시며 마음이 급해지기 시작했다. 가다 보면 마트가 또 있을 거라며 그냥 가자는 형부와, 오던 길에 눈여겨봤던 마트에서 좀 더 다양한 물건과 싸게 살 수 있을 거라는 언니와

같은 마음인 나는 200m 전 걸어온 길로 되돌아 뛰기 시작했다.

　작은 체구에 나보다 키가 훨씬 작은 언니는 다람쥐 뛰듯 뛰어가며 말했다.

"천천히 오렴, 넘어질라."

"아이구, 언니나 조심해. 나 원래 달리기 잘 하잖아."

마트에 도착 후 상추와 양파 두 개를 샀다.

"익스 큐즈미, 비프! 비프!"

마트 주인은 양손을 가위 표시와 함께 "노우, 노우" 했다.

조금 전 분명 팀원 중 누군가 고기를 샀다고 들었기에, 우린 구글 맵을 켜 근처 정육점을 물었다. 마트 문을 나가 돌아가라는 주인장의 안내와 손님으로 온 스페인 여성이 우리 손을 잡고 마트 밖으로 나와 정육점까지 직접 안내를 해주었다. 고기를 구입 후 언니와 난 Bar에서 기다릴 형부를 의식해서일까, 약속이라도 한 듯 뛰기 시작했다.

 갑자기 누군가 우리 곁을 다가와 뭔가 도움을 주려는 듯한 표정을 지었다. 서로의 표정과 몸짓으로 괜찮다는 인사를 나눈 채 다시 뛰기 시작했다. 우린 한참 후에 알아차렸다. 누군가 다급하게 뛰는 모습을 위급 상황으로 인지하고 도와주려는 스페인 시민 의식이었다는 것을. 길을 물으면 직접 그 장소까지 친절하게 안내 해주는 스페인 시민 의식에 지금까지 누군가 길을 물을 때면 손으로 지도를 그리듯 가리켰던 나의 모습을 떠올리고는 부끄러워 숨고 싶었다. 뭐든지 '빨리빨리'에 길들여진 우리의 조급한 정서 탓이다.

 초입에서 예쁜 풍경으로 맞이했던 나바레타, 시간을 내어 천천히 마을을 돌아볼 만도 했을 나바레타, 마트 핑계 삼아 고개 한번 들어볼 만한 나바레타에서 왜 우리는 쫓기듯 땅만 보고 뛰어야만 했을까?

 "너까지 뛰게 해서 미안하다."

 언니의 한마디에는 많은 뜻이 담겨 있음을 알 수 있었다. Bar에서 기다리는 형부를 만나 우리는 벤토사를 향해 말없이 다시 걷기 시작했다. 언니와 난 조금 전 헐레벌떡 뛰었던 소란을 부끄러워하며 무언의 반항이라도 하듯 숨고르기를 하며 천천히, 더 천천히 걸었다.

일일 사진기사가 되다

뿌시럭, 뿌시럭 소리와 함께 알베르게 불이 켜지기 시작했다.

벤토사Ventosa에서 산토 도밍고 데 라 칼사다Santo Domingo De La Calzada까지 29.4km 장거리 도보를 하는 날로서 다른 날보다 일찍 서둘기로 했다. 아직 아물지 않은 발뒤꿈치의 곪은 상처는 아침이면 더 아려왔다. 고양이 세수하듯 눈곱만 떼고 주섬주섬 옷을 갈아입고 야무지게 배낭을 등에 멨다.

아담한 마을 벤토사의 아침은 불빛 하나 없이 고요했다. 전날에 마을을 빠져나가는 길을 답사하였기에 팀원들의 앞을 걸었다. 이른 아침 순례자들의 발걸음은 도보 행진하듯 리듬감과 박자가 딱딱 맞았다. 마을을 나와 포도밭 사이로 난 길을 걸을 때쯤 등 뒤에서 붉게 타오르는 태양은 그 어느 때보다도 강렬했다. 일 년이면 한 번쯤 겨우 볼 듯한 일출을 이 길 위에서 매일매일 마주하고 있다. 내가 걸어가는 길이 매일매일 다르듯이 태양의 위치도, 태양의 표정도 다르게 다가왔다. 한여름 담벼락에 곱게 피어난 흑장미처럼 오늘의 태양은 우리를 강하게 비춰주고 있었다.

"형부! 여기요."

가던 길을 멈추고 태양을 향해 포즈를 취했다.

"한 장만 더 찍어주세요."

"해가 오늘만 뜨는 게 아녀! 빨리 와!"

역시 형부다운 멘트에 적막을 깨며 한바탕 웃었다.

"자기야, 우리도 한 장 찍자."

내일도 해가 뜬다는 조금 전 형부의 말에 반박이라도 하듯, 언니는 형부에게 사진 찍자며 발걸음을 멈추고 이리저리 포즈를 취했다. 나는 둘의 뒷모습도 중간중간 카메라에 담았다.

"언니와 형부는 좋겠어요? 이런 동생분이 있어서요."

팀원 중 부부로 오신 언니가 부러운 듯이 말을 던졌다.

"어머나, 오늘은 두 분의 동생도 해 드릴게요."

"고마워요!"

팀원 중 부부이신 두 분은 아저씨께서 정년퇴임 후 오셨다고 한다. 생장 첫날 알베르게 같은 룸메이트로 다른 팀원들보다 좀 더 빨리 친해진 이들 부부는 늘 서로에 대한 배려와 존중이 언어와 표정에서 묻어났다. 서로에게 존댓말을 쓰고 일방적인 대화보다는 물어봐 주고 들어주는 대화에 난 저절로 귀를 기울이게 되었다. 뿐만 아니라 팀원들에게도 항상 밝고 웃는 모습을 보여주어 다른 팀원들도 칭찬이 자자했다.

부부가 함께 늙어 간다는 것이 바로 저런 모습이 아닐까 싶어 마음 한구석에 휑하니 바람이 스쳐 갔다. 태양을 등지고 가는 이들 부부의 뒷모습을 연거푸 내 스마트폰에 담는 사이, 태양은 어느새 하늘 높이 올라가고 있었다. 그리고 그들 옆에서 발을 맞추기 시작했다.

"동생분은 어쩜 그렇게 늘 밝아요?"

"그 큰 배낭을 메고도 씩씩한 모습은 하루 이틀 내공이 아닌 듯싶어요."

그들 부부의 칭찬에 어깨가 저절로 으쓱해졌다. 그리고 안도의 숨을 쉬었다. 사람은 중년이 넘어 가면 삶의 흔적이 얼굴에 고스란히 남는다는데, 내 얼굴에 힘겹게 살아낸 삶의 흔적들이 드러나지 않은 것 같아 감사했다.

딸이 아팠을 때 겨우겨우 버티고 있는 나를 천안 병원까지 찾아와서 꼬옥 안아주며 "네가 살아야 한다"며 물심양면으로 매일매일 챙겨주었던 친구, 매일매일 '괜찮다. 선생님이 참 멋지다' 카톡으로 위로해 주신 활동가 선생님들, 묻지도 따지지도 말라며 병원비를 보태주신 여성의전화 이사님들, 모임 회비를 탈탈 털어준 친구들, 그리고 틈틈이 번갈아 가며 간호해 준 가족들과 따뜻한 밥과 반찬 등을 골고루 만들어 보낸 친정엄마 같은 언니가 생각났다. 혼자라면 진즉 쓰러지고 무너졌을 힘겨웠던 삶에 든든한 길잡이들이 있었기에, 지금의 내가 있음을 단 한 번도 잊어 본 적이 없었다.

산 안톤 고개와 롤단의 언덕 사이로 고갯길을 넘어 나헤라 마을까지 9.4km까지 Bar가 없는 길을 걸어야 했다. 농로를 잇는 도랑물에 발을 담그며 그들과 자연스럽게 고향 이야기가 나오기도 했다. 어릴 적 먼 길을 걸어서 다녀야 했던 초등학교 시절은 시대와 나이, 시골을 짐작케 했다. 아저씨 고향이 제주도라고 했다. 많은 사람이 한 번쯤 살아보고 싶은 제주도가 그에겐 매일매일 벗어나고 싶은 곳이었을지도 모른다는 생각이 그의 표정에서 읽혔다.

　나헤라야 강을 건너 나헤라 구시가지를 들어섰다. 옛 나바라 왕국의 수도였던 곳으로, 나바라 광장 등을 여유 있게 둘러봐도 좋겠다는 아쉬움을 남긴 채, 산타마리아 성당을 빠져나왔다. 앞으로 20km를 더 걸어야 했기 때문이다.

　언덕과 평지를 오르내리며 이소프라를 나와 식수대와 벤치가 있는 휴식 공간에서 한참을 머물렀다. 산티아고 순례길에서 만나는 벤치는 데크가 아닌 대부분 돌 벤치로서 안락의자 모양들이 눈에 띄었다. 두 분은 다정하게 한 벤치에 기대어 누웠다.

　"오오, 좋아요!"

　난 두 분의 모습을 찍기 시작했다.

　"다른 모습도 취해 보세요!"

　머리 위에 하트를 그렸고, 요즘 유행하는 미니 하트도 날렸다.

　"한 손으로 스마트폰을 잡은 동생분 모습이 더 멋져요."

　부부는 나의 사진 찍는 모습에 칭찬을 날리며 행복해했다.

　"우리도 하나 찍어봐!"

　언니와 형부가 질투라도 하듯 한마디 던지며 다정하게 포즈를 취하는 모습에, 주변이 한바탕 웃음소리로 소란해졌다. 29.4km를 걷는 산토 도밍고 데 라 칼사다 가는 길은 멀지만 유채밭과 밀밭이 맞이해줘서 지루하지 않았다.

성당 안의 하얀 암탉과 수탉

산토 도밍고 데 라 칼사다 도시 초입에 크고 높은 구조물이 반겼다. 11세기에 순례자들을 위해 강에 다리를 놓았다는 '산토 도밍고'를 기념하기 위해 만든 구조물이었다. 구조물 안에 있는 사람의 형상은 '산토 도밍고'이고, 자신의 이름을 딴 도시를 높은 곳에서 내려다보도록 만들었다고 한다. 산토 도밍고 데 라 칼사다는 산티아고 가는 길 때문에 만들어진 마을로서 성인의 이름을 그대로 사용하였으며, 아름다운 건축물이 가득한 도시로 유명하다고 한다.

새벽에 길을 나서서 30km를 걸은 고단함도 잠시, 습관처럼 도시 탐방을 나섰다. 산토 도밍고 데 라 깔사다 대성당 앞에는 늘씬한 탑이 우뚝 솟아 있었다. 이 탑은 나침반처럼 까미노 데 산티아고를 나타내주는 역할을 하며, 산토 도밍고 데 라 깔사다 대성당은 '까미노의 건축가 성인'이라고도 불린다고 한다.

아직 미사 전인 듯한데, 대성당 입구에는 성당으로 들어가려는 신자들로 줄지어 있었고, 입구에서는 안내 문으로 보이는 프린트물을 나눠 주고 있었다. 팜플로나 대성당에서 처음 미사 후 순례자 미사

를 참여하고는 있으나, 아직은 낯설기만 했다.

　유독 한국 사람은 눈에 띄지 않았다. 쭈뼛쭈뼛하는 나에게 누군가 환한 미소와 몸짓으로 성당 안으로 안내했다. 성당 안은 지금까지 봐 왔던 직렬 모양의 건축과는 비교도 안 될 정도로 엄청 높은 층고와 로마네스크 양식 기둥들이 곳곳에 세워져 있었다. 부채꼴 모양으로 나열된 의자엔 미사를 드리는 신자들로 거의 빈자리가 없었다. 안내에 따라 맨 뒤쪽에 겨우 엉덩이를 붙이고 앉았다 일어섰다를 따라 하며 오늘 하루도 잘 걷게 하신 하느님께 감사 기도를 했다. 그러다 눈앞에 큰 철창이 가로막혀 있음을 발견했다.

　'아뿔사!'

　큰 하얀 털을 입은 암탉과 수탉 두 마리가 보였다. 순간 나도 모르게 소리를 지를 뻔하여 두 손으로 입을 막았다. 어릴 적 어렴풋이 읽었던 성경 구절이 떠올랐다.

　'하느님께 드리는 산 제사!'

　나의 시선과 생각은 오롯이 닭장 안의 닭에게 머물러 있었다. 주변의 눈치를 보다 스마트폰을 손에 쥐었다. 그리고 옆에 있던 조금 전 안내하신 분에게 찍어도 되냐고 물었다. 그저 신기하기만 했던 난 얼음이 된 표정을 감출 수 없었다. 손으로 오케이를 보내며 환한 미소로 나를 안정시켜 주었다.

　산토 도밍고 데 라 깔사다에는 닭에 대한 전설이 있다.

　15세기에 독일 윈넨뎀 출신의 우고넬이라는 이름의 18살 청

년이 신앙심이 깊은 부모님과 함께 산티아고 순례를 하고 있었는데, 그들이 머물던 여인숙의 딸이 그의 아름다운 외모에 반하여 사랑을 고백했으나, 신앙심이 남달랐던 우고넬은 그녀의 고백을 거절했다고 한다. 상심한 처녀는 그에게 복수를 하기 위해 은잔을 우고넬의 짐 가방에 몰래 넣고 도둑으로 고발했고, 재판소로 끌려간 우고넬과 그의 부모는 결백을 주장했지만, 청년은 유죄 판결을 받고 교수형에 처해졌다.

절망에 빠진 그의 부모는 산티아고 성인에게 기도를 올리며 순례를 이어갔지만, 돌아오는 길에 "산티아고의 자비로 아들이 살아 있다"는 하늘의 음성을 듣게 되고, 죽은 줄 알았던 아들이 살아있다는 음성을 들은 기쁨에 찬 부모가 재판관에게 이 소식을 전하기 위해서 달려갔다고 한다. 마침 닭고기 요리로 저녁 식사 중이던 재판관은 말했다.

"당신의 아들이 살아 있다면 당신들이 날 귀찮게 하기 전에 내가 먹으려 하고 있었던 이 암탉과 수탉도 살아 있겠구려."

그러자 닭이 그릇에서 살아나와 즐겁게 노래하기 시작했다고 한다.

이 전설로 1993년부터 산토 도밍고 데 라 깔사다는 청년 우고넬의 고향인 독일의 윈넨뎀과 자매결연을 맺었고, 산토 도밍고의 재판관들은 우고넬의 결백을 믿지 않았던 것에 대한 사죄로 몇백 년 동안 목에 굵은 밧줄을 매고 재판을 하는 전통이 있었다고 한다. 또한 중세에 순례자들에게 여행 중에 수

닭이 우는 소리를 듣는 것을 좋은 징조로 여겼다고 한다.

- [출처: 대한민국 산티아고 순례자협회]

미사를 마친 후에도 한동안 무엇에 홀린 듯한 감정을 어루만지며 대성당 탑 아래에 서 있었다. 바로크 양식의 이 탑의 높이는 70미터에 달하는데, 땅 밑으로 흐르는 지하수 때문에 대성당 건물과 분리해서 지었다는 것도 후에 알게 되었다.

그제야 알았다. 골목골목 닭 모양 초콜릿과 닭 조형물들이 즐비해 있었다는 것을.

상그리아는 언니도 춤추게 했다

리오하주와 카스티아 레온주 경계선을 넘는 구간으로, 전날 인솔자의 안내가 자세하게 카톡에 올라왔다. 이 리오하주 마지막 마을인 그라뇽에서 아침을 먹기로 했다.

그라뇽 초입 높은 계단은 마지막 질주를 하듯 마음이 더 급했다. 전날 저녁을 조금 일찍 먹은 탓인지 뱃속에서는 아까부터 꼬르륵꼬르륵 소리를 내고 있었다. 한참이나 줄을 서서 진한 에스프레소 한 잔과 또르띠야(감자 등 야채를 넣어 만든 계란 오믈렛)를 주문했다. 순례길에서 또르띠야는 주메뉴로 등장했고, 언제 먹어도 질리지 않는 맛이었다.

그라뇽에서 내리막길과 경작지 사이로 걷다 보면 리오하주와 카스티아 레온주 경계를 알리는 큰 표지판이 있었다. 등산을 할 때면 산 입구에 큰 지도 표지판에서 반드시 사진을 찍는 습관은 산티아고 순례길에서도 자연스럽게 멈추는 의례적인 일이 되었다. 나는 읽을 수 없는 표지판을 까막눈으로 한참을 들여다보았다.

"아, 레온주가 이렇게 생겼구나."

혼자 중얼거린 말을 알아듣고 한바탕 웃는 순례자들과 동질감을 느끼며 우리의 발걸음도 더욱 가벼워졌다.

인솔자가 추천해 준 비야마요르 델 리오 마을의 상그리아 맛집을 지나칠까 봐 레데시아 델 까미노 마을을 지나 빌로리아 델라 리오하 등 마을의 푯말을 만날 때마다 언니와 형부에게 상기시켰다.

'라이온 하우스Casa Leon!'

의외로 라이온 하우스 안에는 손님이 한 명도 없었다. 큰 체격과 덥수룩한 머리에 수염이 정감 있는 할아버지 주인장만이 Bar를 지키고 있었다. Bar 입구에서부터 내부는 고풍스런 테이블 몇 개와 과일과 와인 등으로 장식되어, 마치 와인갤러리 분위기를 연출했다. 주인장은 레몬, 오렌지, 사과 등 계절 과일을 듬뿍 넣고 와인과 위스키를 섞어가며 멋진 퍼포먼스를 선보였다. 체격에 비해 날렵한 손동작과 몸동작은 하루 이틀 해 본 솜씨가 아니라는 걸 쉽사리 알 수 있었다. 주인장은 위스키병을 머리 높이 들고 리듬감 있게 섞기 시작했다. 그리고 위스키 양을 조절하며 우리의 의견을 물었다.

"더 모어!, 더 모어!"

"스트롱 알코올!, 노우! 노우!"

웃음기 가득한 주인장은 양팔을 높이 올리며 걱정의 미소를 지었다. 20여 분 동안 정성껏 만들어 낸 상그리아의 그 특유한 맛과 색깔은 지금까지 먹어본 것과는 비교가 되지 않았다. 와인과 위스키의 향긋한 맛의 조화와 베리 종류 과일의 달콤한 매력에 푹 빠졌다.

오늘의 걷기를 여기서 멈추고 싶었다. 바닥 한 모금까지 마시기 위해 글라스를 거꾸로 하늘을 향했다. 그제야 주변 시선이 따갑게 느껴

지기 시작했다. 상그리아에 집중하고 있는 동안, 옆자리에 다른 순례자들이 하나둘씩 자리를 잡고 있었다. 멋쩍어하는 내게 엄지척을 해주는 순례자와 브라보로 손을 들어 답하여 글라스에 남은 한 모금까지 깨끗이 비웠다.

상그리아라는 이름은 스페인어로 '피'를 의미하는 'Sangre'에서 유래되었다고 한다. 특히 스페인에서는 단순한 음료를 넘어서 역사와 문화를 상징이기도 하였다.

상그리아 한 잔을 마신 언니는 콧노래를 부르며 걷기 시작했다. 평소 종종거리는 발걸음은 사분의 이박자, 삼박자, 사박자 어설픈 스텝으로 앞서가는 형부를 뒤쫓아갔다. 그 언니의 그 동생으로, 춤이라곤 전혀 리듬감이 없는 난 엇박자 엉덩이춤으로 뒤따라오는 순례자들의 폭소를 자아냈다.

벨로라도까지 5km를 걷는 동안 확 펼친 파란 하늘과 끝없는 평원을 다 가진 듯, 우리는 이 길의 주인공이 되었다.

축제의 도시 벨로라도

오늘의 목적지인 벨로라도Belorado 마을 입구는 순례자를 형상화한 그림이나 까미노 표지들이 반기고 있었다. 그 순례자의 모습에 나를 대입시켜 보며 사진을 찍는 것은 하나의 루틴이 되었다.

'아름다움'이라는 뜻에서 유래되었다는 도시 벨로라도는 왠지 모르게 친숙하게 다가왔다. 벨로라도는 중세 왕국들이 서로 차지하기 위한 격전의 장소였다고 한다. 산타마리아 성당은 겨울을 제외하고 순례길을 걷는 순례자들에게 머물 곳을 제공하기도 하며, 순례자들에게 모든 서비스를 기부제로 제공하는 유명한 도시이기도 했다.

오늘의 숙소는 '산티아고 순례길 가이드북' 설명회 때 알베르게 순례자 형상 앞에서 찍은 저자의 모습이 그 형상과 너무 닮아서 깊은 인상을 주었던 바로 그 알베르게 꽈뜨로 깐또렌스Cuatro Cantones이다. 벨로라도 알베르게 꽈뜨로 깐또렌스 앞 개성 넘치는 형상 옆에서 포즈를 취하고 스마트폰에 담았다.

먼저 도착한 팀원들은 알베르게 앞 담벼락 그늘 아래 줄을 지어 기다리고 있었다. 인솔자 재량에 맡겼던 알베르게 룸 배정에 며칠 전부터 누군가의 불만이 있었던 눈치였다. 하루 평균 20km 이상 걷는 순례자들에게 알베르게는 아주 중요한 재충전의 장소로서 침대 위치 등에 민감해질 수밖에 없었다. 이번엔 알베르게 도착 인증 사진을 통해 순서대로 방 배정을 하기로 했다. 그러다 보니 '더 빨리, 빨리' 마치 경쟁이라도 하듯 걷기에만 집중하는 모습들을 엿보게 되었다.

이왕이면 소수 인원이 들어갈 수 있는 룸과 일층 침대를 모두가 선호했다. 나 역시 그렇다. 이층을 오르락내리락하는 불편함 때문에 한밤중 화장실을 가고 싶어도 참을 때가 많았다. 반면에 이층침대는 여러 사람의 방해를 받지 않고 편안한 휴식을 취할 수 있는 장점도 있었다. 애초에 편한 것을 간구하고자 선택한 순례길이 아니었기에 지금이 충분했고 감사했다. 하던 대로 하기로 했다.

이 길에선 그 무엇에도 비교하거나 경쟁하거나 타인을 의식하지 않기 위해 매 순간 나를 뒤돌아보는 연습을 하곤 했다. 그러자 하루하루 걸을 때마다 감사할 일들이 하나둘씩 늘어나곤 했다. 다치지 않고 잘 걷고 있어 감사했고, 발뒤꿈치의 곪은 상처도 이제는 제법 꼬들꼬들 다 나아가고 있어 감사했다. 매일매일 안부를 전해주는 딸 아들의 목소리가 밝아서 감사했고, '엄마 사랑해' 애정 표현을 아끼지 않아 감사했다.

알베르게 꽈프로 깐또렌스는 넓은 수영장과 레스토랑을 함께 운영하고 있었다. 수영을 못 하는 나에겐 벤치에 누워 있는 것만으로도 온몸의 피로가 풀리고, 보는 것만으로도 시원했다. 점심을 건너뛸 정도로 비야마요로 델 리오 마을 진한 상그리아 한잔의 든든했던 배도 서서히 꼬르륵꼬르륵 신호를 보내기 시작했다. 때마침 알베르게 내

레스토랑에서 순례자 메뉴로 돼지 등갈비 선예약을 받는다는 소식에 두 귀가 번쩍 열렸다.

　테이블이 다닥다닥 붙은 작은 레스토랑은 한꺼번에 몰린 순례자들로 후끈후끈한 열기를 더했다. 바로 옆에 있는 우리 팀원들의 말조차 알아듣기 힘들 정도로 서로 다른 톤과 언어들로 시끄러웠다. 점심 식사를 거른 허기진 배는 점점 민감해지기 시작했고, 세상만사

태평스러운 서빙은 보는 이의 속만 태울 뿐 먼저 나온 옆 테이블 메뉴에 침만 꿀꺽꿀꺽하였다.

드디어 내 앞에 아코디언을 연상하게 하는 등갈비가 나왔다. 어린아이 손바닥만 한 비프스테이크 또는 치킨에 샐러드, 파스타 식사가 대부분이었던 지난 일주일간의 보상이라도 하듯 폭풍 흡입을 했다. 낮에 마신 상그리아 향이 가시기도 전, 레드와인 또한 고기의 육질의 맛을 더욱 더했고, 기분은 다시 업이 되었다.

"벨로라도! 벨로라도!"

거리에서 들려오는 합창과 악기 소리가 들려왔다. 트럼본, 트럼펫, 튜바, 클라리넷 등 다양한 연주와 춤, 노래들로 어우러진 벨로라도

시민들이 하나둘씩 거리로 나온 축제의 장이었다. 벨로라도 축구가 우승한 날이라고 한다.

 2002년 월드컵 축구가 열리고 온 나라가 붉은 옷과 머리띠 등을 두르고 "대~한민국 짝짝짝!" 외쳤던 때가 생각났다. 축구에 대해서 전혀 관심이 없던 난 그때부터 축구뿐 아니라 스포츠에 대한 관심이 높아졌다. 남녀노소 불문하고 TV 앞에서, 거리에서, 식당에서 등 전 국민이 하나가 되었던 때처럼 다시 뭉치는 대한민국을 꿈꿔 보며 벨로라도의 마을을 누비는 춤과 음악에 나도 덩실덩실 어깨춤을 추며 그들과 어울렸다. 좁은 골목길을 누비며 악기를 연주하고 노래와 춤으로 즐기는 벨로라도 문화에 흠뻑 젖었다. 까미노를 상징하는 그림들이 기억에 남는 마을, 벨로라도는 그들의 축제와 함께 밤이 깊어 갔다.

말 없는 시위로 앞만 보고 걸었다

벨로라도에서 27.5km를 걸어 아헤스Ages 마을에 도착했다.

간밤의 축제는 새벽까지 이어졌고 깊은 잠을 자지 못한 탓인지 천근만근이지만, 이제 제법 익숙해진 몸은 기계처럼 순서대로 눈을 뜨고 짐을 챙겨 그날의 거리를 예측하며 출발 시간을 선택했다.

벨로라도의 벽화 거리를 나와 마을과 마을을 연결하는 다리는 필수이듯 티룬 강을 건넜다. 한 시간 정도 걷다 보니 저 멀리 돌산 위의 토산토스라는 작은 마을이 보였다. 돌산 위에 자리 잡은 이 마을은 몇 개의 동굴과 성모 위 바위에 성당이 보였다. 멀리서 사진만 찍고 그냥 지나쳤다.

짧은 거리에 몇 개의 마을을 지나며 밀밭과 푸른 하늘 숲길이 반복되었다. 특히 오까산 정상을 넘는 떡갈나무와 소나무 숲으로 이루어진 구간은 양 길가의 야생화들이 발목을 붙잡기도 했다. 언니와 난 서로 사진을 찍다 보니 둘만의 공감대가 있었다.

어릴 적 장씨문중(제각)에서 살 때 사방이 숲과 들판이었고, 우리의 놀이 대상은 오롯이 들풀을 꺾어 놀거나 문중 묘지 공원 주변에서 나무와 나무를 연결하여 우리만의 놀이터를 만들고 놀았는데, 그때의 기억을 조심스럽게 꺼냈다. 전깃불도 들어오지 않는 집, 마을에서 물을 길어다 먹어야만 했던 일곱, 여덟 살, 열두 서너 살 어린 자매들에게 길가의 꽃들은 친구이자 희망이었고, 친구들과는 아주 다른 삶을 살았던 우리 자매들만의 아픈 추억이기도 했다.

그러나 꽃을 보고 이름을 부를 줄 알고, 숲속의 나무들과 오감을 느낄 줄 아는 축복은 가난만큼이나 외로웠던 어린 시절의 보상처럼 다가왔다. 가난은 우리에게 고생을 물려 주긴 했지만, 어려움과 역경을 이겨내는 방법을 깨닫게 했고, 삶을 지혜롭게 살아가는 방법을 알게 해주었다. 그래서 가난이 부정적이지만은 않다는 것을 반평생이 넘어서야 어렴풋이 알 것 같았다.

붉고 단단한 황톳길은 오까산의 정상까지 이어졌다. 언니와 사진을 찍으며 여유롭게 걷는 동안 형부가 심심했겠다는 생각에, 두 사람에 앞서 나 혼자만의 까미노가 이어졌다. 내리막에서는 그 누구보다도 걸음이 빠른 나는 무념 속에 발이 자동으로 움직였고, 유독 순례자들이 보이지 않는 깊은 산속에서 순간순간 무서운 생각도 들었다. 산짐승이 나올 것 같은 으쓱하고 한적한 까미노에서 등줄기가 오싹한 것은 조금 전 오까산 정상에 오를 때와는 정반대의 기분은 뭔가에 홀린 것만 같았다.

'그냥 언니와 형부를 기다렸다 같이 갈까?'

'아니야, 곧 뒤따라오시겠지.'

갑자기 길을 잘못 들었나 싶을 정도로 머릿속이 하얗게 되자 발걸음은 더 빨라졌고 누군가에 쫓기듯 걷다 보니 며칠 전 사진을 찍어

주고 점수를 땄던 부부가 보였다.

"왜 오늘은 동생분 혼자 걸으세요?"

"아, 네네. 어쩌다가요."

그리고 하나둘씩 순례자들이 보이기 시작했다.

오까산은 중세의 순례자에게 위험한 길이었다고 한다. 오까산에 숨어서 순례자의 지갑과 목숨을 노리는 산적과 늑대들이 있었다고 한다. 사실 요즈음에도 날씨가 좋지 않을 때는 변수들이 많을 것 같았다.

다시 오르막길과 평평한 소나무길을 걷다 보니, 산 후안 데 오르테카에 이르렀다.

공립 알베르게 앞 광장엔 순례자들의 신발과 배낭은 누군가 알록달록한 그림을 그려 놓은 듯한 줄이 길게 세워져 있었다. 저 많은 순례자는 오늘 이곳에 안식처를 찾기 위해 얼마나 일찍 걷기 시작했을지, 발바닥의 열기는 얼마나 뜨거웠을지 상상이 되었다. 매일매일 정해진 숙소를 향해 걸어가는 우리는 그저 안전과 주변 풍경을 맘껏 즐기며 여유만만하게 걷기만 하면 되는 것을, '빨리, 빨리'에 익숙해진 습관이 이 길에서 경쟁심을 유발하고 있지는 않은지 뒤돌아보게 되었다.

그러나 오늘만큼은 나도 앞만 보고 걷고 싶었다. 아니 그래야만 할 것 같았다. 진한 커피 한잔이 목구멍에서 당그래질 하였고, 속이 텅 빈 배는 배낭의 허리띠를 더 땡겨 조여야만 했다. 순간순간을 놓치지 않으려 한 손에서 떨어지지 않은 휴대폰도 가방에서 조용히 휴식

을 취하게 했다. 그렇게 아헤스까지 약 4km를 더 도망치듯 걸었다.

27.5km를 6시간 만에 도착했다. 알베르게 앞에서 인증샷을 찍어 인솔자에게 알렸다. 열아홉 명의 팀원 중 세 번째였다. 휴대폰에는 확인하지 않은 빨간색 카카오톡 표시들이 가득했다.

'어디쯤 가고 있니?'

'Bar가 나오면 기다려. 점심 먹자.'

언니와 형부가 번갈아 가며 보낸 문자였다. 한참 후 언니와 형부도 도착했다. 그들은 나와 같이 먹으려고 점심도 건너뛴 채 걸은 것 같았다.

"처제, 배 안고파?"

형부의 눈빛과 말투에는 미안함과 걱정이 가득 차 보였다.

중세시대 기독교 왕국의 패권을 뒤흔드는 중요한 장소였다는 아헤스는 전원 속 마을의 매력이 엿보였다. 작은 이 마을에는 슈퍼마켓도 없고, 작은 Bar를 겸한 구멍가게 수준의 상점이 전부였다. 알베르게 앞 Bar에서 시원한 맥주 한잔과 화덕피자 한판을 허겁지겁 먹었다. 든든한 포만감은 말 없는 시위를 벌인 미안함을 다 녹여주었다.

일찍 도착한 덕분에 알베르게 방 배정 선택의 기회가 주어졌다. 원목으로 모던하게 배치된 룸은 어디든 만족스러운 분위기였지만, 평소에도 창이 넓은 공간을 좋아하는 난 창가에 위치한 침대를 언니 형부와 함께 나란히 차지하였다. 추억 속에 걸었던 까미노, 긴장 속에 걸었던 까미노, 말 없는 시위로 걸었던 오늘의 까미노는 앞으로 걸어야 할 까미노의 적응이기도 했다.

아헤스 마을의 무서운 여인

아헤스의 오후 시간은 햇살 좋은 곳을 찾게 만드는 쌀쌀한 바람이 머물렀다. 담벼락 아래에 작은 벤치들은 유럽 문화에서 쉽게 찾아볼 수 있는 풍경들로, 나이 드신 어르신들의 쉼터이자 외로움을 달래는 공간처럼 보였다. 넓고 광활한 들판과 언덕에 자리 잡은 작은 마을들은 우리나라와 마찬가지로 흰 수염이 덥수룩한 할아버지와 허리 굽은 할머니들이 오래된 마을 풍경의 일부가 되어있었다.

아헤스 마을 역시 그런 느낌이 들었다. 시에스타로 마을 주민은 찾아볼 수 없었고, 순례자들만이 생각하는 사람처럼 조용히 벤치에 앉아 있었다. 낮잠 자는 주민들에게 방해가 되지 않도록, 이 시간만큼은 떠들지 않겠다는 다짐이 순례자들의 몸에 배어 있는 것 같았다.

이 마을의 산따 에우랄리아 데 메리다 성당Iglesia de Santa Eulallia de Merida은 마을 높은 곳에 있었다. 16세기에 만들어졌다는 이 성당은 고딕 양식의 아름다운 현관이 돋보이며, 나바라의 왕 가르시아 엘 데 나헤라Garcia El de Najera의 유해가 성당의 반석 밑에 매장되어 있다고 전해졌다. 가르시아 엘 데 나헤라는

팜플로나 왕국의 왕으로, 가르시아 3세 사노이츠로도 불리는
데, 레온 왕국의 페르난도 사노이츠와 이 마을 옆에 있는 평
원에서 벌어진 전투에서 패하여 전사했다고 한다. 그리고 그
의 군대의 부하들이 그의 시신 중 내장과 일부를 이 성당 자
리에 묻었다는 전설이 전해지고 있었다.

- [출처: 대한민국 산티아고 순례자협회]

곧 사람 소리가 들리고, 마을 한가운데 멈춰 선 푸드트럭 앞에도 사
람들이 몰려들기 시작했다. 시에스타 시간이 끝나는 시간은 순례자
들에게 반가운 시간이었다. 확성기를 켜고 마을을 돌아다니며 물건
이나 먹을거리를 파는 우리나라의 트럭과 비슷한 풍경이었다.

언니는 큰 수박 덩어리만 한 빵을 집어 들었다. 그리고 과일을 좋아
하는 언니는 사과, 체리도 담았다. 우리나라에서는 신사임당 지폐 한
장으로도 엄두를 못 낼 빵과 과일이 세종대왕 지폐 한 장 가격으로
도 충분했다. 찰지고 고슬고슬한 흰쌀밥이 주식이던 우리나라 문화
와 달리 딱딱한 바게트 빵을 좋아하는 언니와 나에겐 이 나라 주식
문화가 마냥 행복했다.

황토색 종이봉투에 담은 빵을 가슴에 껴안고 알베르게에 도착할
무렵, 어디에선가 들려오는 고함소리는 우리를 얼음이 되게 했다. 알
아듣지 못할 언어였지만 분명 싸우는 소리였고, 간간이 우리 팀 젊
은 친구들의 목소리도 들렸다. 밖으로 뛰어나와 소리를 지르는 여
성은 Bar 주인장이었다. 젊은 세 친구들이 햄버거와 음료를 먹던 중

먼저 나온 우리 팀 중 누군가가 일부 그들의 식대를 계산해 주었던 모양이었다. 그러나 주인장은 계산이 안 됐다며 다시 청구했고, 말이 통하지 않은 친구들은 인솔자까지 대동해서 통역을 부탁했으나, 주인장은 막무가내였던 것 같았다. 계산된 돈은 못 내겠다는 이들을 따라 나오며 삿대질과 욕설을 퍼붓는 주인장의 필살기에 결국 재계산을 할 수밖에 없었다. 순례길에서 가끔 일어날 수 있는 상황이라는 인솔자의 설명이 있었다. 우리나라처럼 일부 계산을 하거나 추가 메뉴를 주문할 경우 신중해야 한다는 안내도 덧붙였다.

항상 여유로운 모습과 웃는 모습이 인상 깊었던 스페인 사람들의 기억을 단박에 깨뜨려준 주인장의 사나운 눈빛을 잊을 수가 없다. 그 주인장의 말을 통역해 준 인솔자에 의하면, 재계산을 하지 않으면 경찰을 부르겠다고 협박까지 했다고 한다.

알베르게 앞마당은 한바탕 폭풍이 지나간 자리에 억울함을 호소하는 까미노 친구들을 위로하는 사람과 바람에 나부끼는 빨래를 걷는 사람들로 붐비기 시작했다. 그리고 의자 하나에 덩그러니 걸려 있는 허리 쌕은 주인 잃은 강아지마냥 겁에 질려 있었다. 단체 톡방에 주인을 찾는 사진을 보고 헐레벌떡 뛰어오는 사람은 바로 우리 팀원이었다. 우리가 발견해서 얼마나 다행이냐며 내일 길 위에서 맛있는 간식을 얻어먹을 수 있다는 기대와 함께 아헤스의 밤이 깊어 갔다.

순례길에서 처음으로 길을 잃다

아헤스의 아침 바람은 다소 싸늘해서 온몸을 웅크리게 하였다. 얇은 긴팔에 약간 두꺼운 잠바를 겹겹이 입었다. 전날에 마을 길을 빠져나가는 방향을 미리 알아 둔 습관 덕분에 어둠이 깔린 이른 새벽 길을 훨씬 순조롭게 걸을 수 있었다. 아헤스 마을에서 30분 정도 걸었을 즈음 안갯속에서 나타난 유적과 비석들이 심상치 않아 보였다. 누군가가 옆에서 말하는 소리를 들었다.

"세계 문화 유적지래."

이른 아침 출발 길은 언제나처럼 발걸음이 빨랐다. 큰 의미가 있을 듯한 비석으로 보였으나, 이른 새벽에는 늘 마음이 급했다. 오늘은 혼자 걷는 나와 마주하고 싶었다.

유적지를 지날 무렵 적막을 깨듯 휴대폰에서 음악 소리가 들렸다.

"오, 우리 딸 안녕!"

휴대폰 속으로 보이는 장면은 익숙한 딸의 침대로, 일요일의 여유가 보였다.

"엄마, 잘 걷고 계세요? 어디 아픈 곳은 없구요? 먹는 건 잘 드시구요?"

"으응. 그럼 그럼. 매일매일 감사하며 즐겁게 걷고 있어."

"엄마가 행복해 보여서 다행이네. 엄마 사랑해."

아들도 영상 속으로 얼굴을 쑥 내밀어 주었다. 때마침 짙은 안개에 웅크리고 앉아 있는 양떼 목장을 아이들과 함께 보았다. 대관령 목장에서나 볼 수 있었던 양떼를 여기서는 간혹 만날 수 있었다.

"엄마, 사진 찍는다고 가까이 다가가지 마셔요. 얼른 걷는 데 집중하세요. 그러다 넘어져요."

"어버이날 미리 축하드려요!"

어느새 어른이 되어 엄마를 걱정하는 아들이 대견하기만 했다. 어릴 적 이 세상에서 가장 멋있고 똑똑한 사람이 누나라며 자랑스러워했던 오빠 같은 동생, 대여섯 살까지 내 옆에서 칭얼거리고 어리광 부리던 아들은 어느새 커서 든든한 보호자 역할을 하고 있었다. 동굴 같은 목소리만 들어서는 천하도 무섭지 않을 남자, 겁이 많고 여린 마음과 정 많은 아들을 많이 품어 주지 못한 시기가 있었기에 가슴 한켠이 더 시리고 아픈 손가락인 아들의 목소리가 오늘따라 유난히 더 따뜻하게 들렸다.

통화가 끝난 후 걸음을 멈추고 산 아래쪽을 돌아보았다. 몽실몽실한 안개 속의 풍경은 한 폭의 동양화 같았다. 넋 놓고 있는 동안 같이 걷던 친구들이 멀어져 갔다. 멈추면 더 자세하게 보이는 것들을 너무 잘 알면서도, 목적지 도착이 우선인 것 같았다.

자갈이 있는 울퉁불퉁한 언덕길 정상의 십자가도 눈에 띄었다. 내리막길을 걸어 비야발을 들어설 무렵 산티아고 순례길 홍보를 하는

폐차된 버스 한 대가 길가에 세워져 있었고, 대한민국 태극기도 그려져 있었다. 그저 반가워서 국기에 대한 경례라도 할 것처럼 달려가 그 앞에 섰다. 팀원 중 손 피켓 태극기를 배낭에 꽂고 걷는 친구를 보고 처음에는 의아했는데, 가끔 순례길에서 자국의 국기를 가지고 걷는 사람들을 만나곤 했다. 바로 이런 마음이 아니었을까 싶었다.

비야발 마을에서부터 아스팔트 길을 따라 부르고스 공장 지역에 들어올 때까지 인도 없는 철길을 공장을 끼고 한참을 걸었다. 어느 순간 길을 가득 메운 순례자들은 온데간데없었다. 내 뒤를 따라오는 몇몇 외국인은 이 길이 맞냐며 어설픈 영어로 내게 다가왔다. 앞서 가던 두 남자도 걸음을 멈추더니 길을 잘못 들어선 것 같다며 오던 길을 되돌아갔다. 노란 화살표 순례길 표시도 보이질 않았다. 앞서가는 외국인 남자 두 명의 뒷모습만 열심히 따라갔다. 인적없는 공장과 철길로 갑자기 쌩한 바람이 스치면서 무서운 생각이 들었다.

언니에게 전화를 했다. 공장길 밖으로 나와 안내해 준 길을 따라 커브를 돌다 보니 Bar에서 언니와 형부가 기다리고 있었다. 언니가 건네준 맥주 한잔은 벌렁거리던 가슴에 진정제 역할을 해주었다. 앞서 걸었던 외국인 두 남자는 마치 본인들의 잘못인 것처럼 미안해했다.

산티아고 순례길에서 처음 겪는 상황이라 당황스럽긴 했지만, 어찌 이런 경험이 오늘만이겠는가? 우리는 매 순간마다 여러 길 앞에 서 있게 되고, 선택할 수밖에 없는 삶을 살고 있으니. 선택은 결국 내가 하는 것이고, 그 선택에 대한 옳고 그름을 떠나 선택에 대한 책임은 나에게 있다. 가던 걸음을 멈추고 다시 돌아오듯이.

웅장하고 아름다운 부르고스 산타마리아 대성당

팀원들과 웃고 떠들고 서로서로 사진을 찍고 찍어주다 보니 부르고스 이정표가 반겼다.

'부르고스 시내 지역은 다소 복잡하여 길을 잃기 쉬우므로 화
살표 잘 확인하시고 부르고스 대성당으로 들어와 사진도 찍
고 호스텔로 들어오세요.'

인솔자의 사전 안내처럼 처음으로 만나는 큰 도시인만큼 두 눈이 휘둥그레졌다. 벌써부터 부르고스 대성당Catedral Basílica Metropolitana de Santa María 광장은 관광객과 순례자들로 가득했다.

부르고스는 문화적으로도 경제적으로도 부유한 도시이고, 규모도 큰 도시이다. 광장 앞 나체로 벤치에 앉아 있는 순례자의 조각상이 모습이 눈에 띄었고, 기막힌 포즈로 기념사진을 찍어 보거나, 대성당을 한눈에 관찰하는 사람들이 있었다.

며칠 전 작은 키에 허리 아래까지 내려오는 배낭을 메고 뚜벅뚜벅 걷는 일본인 어성 순례자와 인사를 나눈 적 있었다. 어설픈 영어 구

사는 서로의 비슷한 소통에 오히려 부담이 없었고, 나이도 비슷해 보여 왠지 더 친숙했던 순례자였다. 우리는 팀이 있어 먼저 사진을 찍어주겠다니 무척이나 기뻐했다.

'이름이라도 물어볼걸!'

헤어지고 만나고를 반복하는 순례길에서 다시 만날 수 있으리라는 기대는 내일의 이야깃거리를 만들어 주었다.

산타마리아 대성당이라고도 하는 부르고스 대성당은 산티아고 순례길에서 가장 큰 성당이고, 세비야, 톨레도와 함께 스페인 3대 성당에 속한다고 한다. 하늘을 찌를 듯한 탑들과 웅장한 아름다움은 인간의 무한한 가능성을 다시 한번 보여주었다.

유네스코 세계문화유산에 등재된 부르고스 대성당은 순례자 여권을 보여주면 50퍼센트 할인된 가격인 5유로로 입장할 수 있다. 무수한 조각상과 부조, 회화가 돋보이는 성당 내부엔 여러 성직자 상과 의자, 교차문들이 있었고, 여러 개의 소성당과 수많은 조각품이 숨어 순례자를 맞이했다.

가이드 투어를 하거나 오디오 가이드라도 들으면서 여유롭게 둘러봐야 하는 곳인데, 언어의 장벽에 다시 무너지는 아쉬움으로 눈으로만 감상할 수 있었다. 그러나 눈으로 보는 것만으로도 환상적인 십자가상과 큰 궤, 무수한 조각상과 부조, 회화 등의 압도적인 아름다움에 빠져들고 말았다. 특히 부르고스 대성당 천장 꼭대기에 매달려 있는 남자 인형은 시간을 알리는 종소리가 울릴 때 거대한 입을 벌렸다 닫았다 하며 장난기 가득한 모습이 인상적이었다.

옛날 엔리께 3세가 대성당에 기도하러 왔다가 아름다운 처녀
에게 반했고, 며칠간 그녀의 집 앞까지 따라다닌 왕은 용기를
내어 처녀에게 손수건을 주었는데, 손수건을 받은 처녀는 자
신의 손수건을 건네주며 집으로 들어가서 슬프게 울었다고
한다. 그 후로 왕은 처녀를 볼 수 없었고, 상심한 왕을 위로하
기 위해 신하들이 그 집은 벌써 오랫동안 아무도 살지 않는
폐가라고 말했다. 슬픔에 빠진 왕은 그 처녀를 빼닮고, 흐느

낌까지 내는 조각상을 만들도록 명령했는데, 왕의 조각가는
처녀를 빼닮은 조각은커녕 장난기 있어 보이는 거대한 입에
날카로운 비명을 질러대는 늙은 남자 인형을 만들었다. 이 비
명소리 때문에 도시 사람들은 불안에 떨었고, 결국 부르고스
의 한 주교가 영영 이 인형이 소리를 지르지 못하도록 했다는
전설이 있다고 한다.

– [출처: 대한민국 산티아고 순례자협회]

　흥미로운 유적들이 셀 수 없이 많은 도시, 주교가 상주한다는 거대
한 도시, 생동감 넘치는 아름다운 도시 부르고스에서 순례자가 아닌
관광객으로 바라본 짧은 오후였다. 다시 한번 순례길을 걷는다면, 언
젠가 스페인 관광을 하게 된다면 역사와 유적뿐 아니라 음식, 문화
등 부르고스에서만 누릴 수 있는 경험을 맘껏 누리고 싶다.

축복의 마을 라베 데 라스 깔사다스

'내일은 부르고스Burgos에서 온타나스Hontanas *30.8km 구간입니다. 부르고스를 빠져나가면 12.2km 지점부터 스페인 오지 메세타(그늘이 거의 없는 고지대)의 시작입니다. 식료품 구매 및 의약품 구매 어렵습니다. 3일 후 큰 도시를 방문하므로 그 사이 필요한 약이나 장비는 미리 준비 부탁드립니다. 또한 오후에 미약하게나마 비 소식이 있습니다. 우의, 판초 등 비를 피할만한 옷들을 챙겨주세요.'*

전날 밤 인솔자의 안내 메시지였다.

눈을 뜨면 걷고 도착하면 씻거나 휴식, 그리고 밤 아홉 시 전후 소등과 함께 반복하는 습관이 몸에 익숙해질 만도 했지만, 30km라는 숫자는 '헉' 소리가 절로 났다. 동키를 보내는 순례자들은 비옷을 별도로 챙겨야 했기에 작은 배낭을 풀었다 닫았다를 반복하며 어느 때보다 더 분주한 아침이었다.

산타마리아 대성당 광장의 아침은 전날의 화려하고 웅장하게만 보였던 것과는 달리 고요하고 겸허하게 다시 서게 하였다. 지친 순례자의 형상도 세상에서 가장 편한 자세를 취하고 있는 듯했다. 밤의 끝자락, 먼동이 떠오를 즈음의 희망찬 마음의 동요였던 것 같았다.

마리아 아치Arco de Santa Maria를 통과해 수도원, 병원, 공원, 학교 건물 등을 지나며 비로소 대도시의 번잡함을 피할 수 있었고, 언젠가는 다시 찾고 싶은 도시 버킷리스트 플러스 추가메뉴 저장 버튼을 꾸욱 누르며 부르고스를 벗어났다.

작은 마을 라베 데 라스 깔사다스에는, 13세기에 만들어졌다는 산타마리아 성당과 모나스떼리오 성모 성당이 있었다. 선명한 색이 돋보이는 예쁜 벽화들에 가던 길을 멈추고 사진을 연거푸 찍던 중 바로 앞 모나스떼리오 성모 성당 마당에 세 분의 여성 중 한 분이 나에게 손짓을 했다.

"아~녕 하~세~요."

띄엄띄엄 들리는 인사는 분명 한국말이었다. 뚜벅뚜벅 성당 쪽으로 걸어가는 나에게 다가온 그 여성은 내 손을 잡고 성당 안으로 들어갔다. 의자에 앉아 묵상하는 내 옆에서 그녀도 함께 기도했다. 내 심장은 요동치기 시작했고, 혹여 내가 무슨 잘못이나 한 것은 아닐까? 사진을 너무 여기저기 찍은 게 잘못이었을까? 지금 눈을 떠야 할지 계속 묵상 하는 척해야 할지조차 감을 잡을 수가 없었다.

다른 순례자들이 들어오는 발소리에 안도의 숨을 가다듬으며 눈을 떴다. 환하게 미소를 지은 그녀는 나를 살며시 안아주며 작은 마리아상 복설이 하나를 손에 쥐어 주었다. 나중에 팀원들에게 이야기를

하니 그분은 수녀님일 거라 하였고, 목걸이를 받은 다른 순례자들도 있었지만, 기도를 같이 하지는 않았다고 한다. 그리고 그 목걸이는 가톨릭 신자들에게 하나의 '패'를 의미한다고 했다.

　마을을 벗어나며 형언할 수 없는 기쁨으로 걷고 있는 동안, 끝없이 펼쳐진 대평원과 구릉 지역이 기다리고 있었고, 가슴이 뻥 뚫리는 기분을 소리라도 한번 지르고 싶었다. 많은 순례자가 메세타 길이 지루하다 하여 건너뛰기도 한다는데, 난 오히려 이 길에 온전히 나를 맡기고 싶었다.

　대평원의 구부러진 길 위에서 나의 육체적 에너지와 정신적 의지를 시험해 보고 싶었던 꿈은 현실이 되었다. 고속도로처럼 앞날이 쫙 펼쳐지기를 꿈꿨던 삶은 굽이굽이 길을 돌아가야 했고, 열심히 산 만큼 한 계단 한 계단 오르막길만 있을 것이라고 기대했던 삶은 눈앞의 내리막길에서 그만 주저앉았던 지난날들이 있었다.

　그러나 굽이굽이 풍파를 겪을 때면 여성주의 상담자로서 활동이 부메랑처럼 내게 다가왔고, 내 앞에 주어진 삶이 버거워 주저앉을 때 손 내밀어 주는 주변 사람들이 있었다. 그리고 그 안에서 나는 단단함을 알게 되었고, 삶을 겸허하게 받아들이는 연습이 되었다.

　산볼 마을을 지나고 온타나스에 가까워지고 있다는 심리적 안도감으로 발걸음이 더욱 빨라지기 시작했고, 막바지 언덕을 오를 때쯤 비가 내리기 시작했다. 판초 우의를 걸쳐 입고 사진을 찍기 시작했다. 순례길에서 처음 맞아보는 비는 반갑고 즐겁기만 했다. 먼저 걸은 순례지들의 사진을 볼 때면 울긋불긋한 판초 우의를 걸쳐 입은

뒷모습들이 멋져 보였던 나는 똑같이 따라 찍기 시작했다. 야고보가 걸어가는 시늉을 하며 뒷모습 사진을 찍는 동안, 큰 배낭 위의 빨강 판초 우의가 무색하게도 비는 금방 멈췄다.

그리고 갑자기 오르막 바로 아래 푹 들어간 마을 온타나스가 나타났다. 온타나스 바로 초입 길가에 후안 데 에페스 알베르게에는 유럽 연합 및 스페인 국기 가운데에 대한민국 태극기가 높은 깃대에 걸려 있었다. 왜 걸려 있는지는 정확히 모르겠지만, 우리를 환영하는 의미로 받아들이기로 했다. 아주 작은 마을이지만 몇 개의 알베르게가 있었고, 마을 중심에 있는 성당은 아무도 없는 공간에 은은한 음악과 수십 개의 촛불이 켜져 있고, 바로 앞에는 여러 나라 언어로 된 성경이 있었는데, 그중 우리 글로 된 성경도 있었다.

또한 알베르게 내 순례자 메뉴로 다른 순례자들과 동그란 원탁에 둘러앉아 나눠 먹을 수 있는 대형 팬 빠에야와 와인은 한솥밥을 나눠 먹는 우리네처럼 서로를 응원하며 격려하는 따뜻한 정을 나누는 자리였다.

혁 소리 났던 30.8km의 먼 길, 산을 품고 들판을 품고 들꽃들을 품은 구부러진 길은 나를 꼭 안아주었다. 그 길처럼 온타나스 성당과 마을은 따뜻했다.

혼자라 외롭지만 행복한 보아디야 델 까미노

간밤의 거센 바람은 새벽까지 이어졌다. 풍경과 마주하는 알베르게가 야속할 만큼 밤새 뒤척이다 아침을 맞이했다. 채우고 비우기를 반복하며 오롯이 길 위에서의 감사도 연약한 나를 흔들리게 했다. 침낭 속에서 울다가 행여나 곤히 잠든 순례자들에게 들킬까 봐 숨소리를 죽였다.

모두가 잠든 새벽 통창으로 스며드는 달빛을 통해 조용히 가방을 꾸렸다.

"언니, 먼저 혼자 출발할게."

옆 침대에 자던 언니는 걱정 반, 당황스러움 반으로 고개만 끄덕였다. 아마도 어제 나와 사소한 의견 차이로 갈등을 빚은 형부를 의식한 모양이다. 난 애써 언니의 눈빛을 피했다.

'약 꼭 챙겨 먹고 Bar에 들러 뭐라도 꼭 먹으면서 걸으렴.'

언니의 문자를 보는 순간 억눌렀던 감정들이 내 얼굴을 뜨겁게 달궜다. 결국 목줄기를 타고 내려가는 눈물이 가슴까지 촉촉이 적시고 말았다.

구부러진 길 위에 선 지 14일째, 처음으로 혼자 출발한 나는 마침

형부를 핑계로 삼고 싶었던 것 같다. 날카롭고 큰 목소리와 달리 마음이 따뜻한 형부는 늘 언니와 발을 맞추며 무엇이든 언니와 함께하고 싶어 했다. 그건 너무도 자연스러운 일이었다. 그런 형부의 마음을 모른 채 언니와 나는 둘이 걷고, 둘만의 이야기꽃을 피웠다. 늘 괜찮은 척, 아무 일 없는척하며 지내기를 여러 해, 누군가의 위로가 필요했던 난 서운함을 드러내는 형부 때문에 울컥하고 말았다.

마을을 나와 한참 좁은 흙길을 걸었다. 저 멀리 헤드 랜턴을 켠 순례자의 불빛을 부지런히 따라가기로 했다. 어제 30km가 넘는 메세타 길을 걸었고, 발바닥의 열기가 가시지 않은 채 오늘도 거의 30km를 걸어야 한다. 산티아고 데 콤포스텔라까지는 아직 457km가 남았다. 앞서가는 순례자의 불빛이 멀어지고 있었다. 사방이 고요했고 조금씩 불안해질 무렵 큰 길이 보이기 시작했다.

산 안톤 아치 수도원을 지났다. '산 안톤 불'로 알려진 이곳은 중세의 피부병을 치료하는 병원으로 유명했다고 한다. 현재는 소규모의 알베르게로 운영된다고 한다.

카스트로헤리스로 이어지는 마을에 들어서면서 산타마리아 델 만사노 성당을 만났다. 너무 이른 시간이다. 성당 문도 만사노 Bar도 굳게 닫혀 있었다. 아침이 밝아오고 날씨도 맑아지기 시작했다. 카스트로헤리스의 중심지에 있는 산토도밍고 성당 겸 박물관, 시 청사, 그 옆 산후안 성당도 지났다. 마치 중세시대를 지나고 있는 듯했다. 언덕 중턱에 폐허로 보이는 성은 온통 태양 빛으로 눈이 부셨다. 로마와 서고트 왕국의 유적이 있는 이곳은 가톨릭 간의 무수한 전투의 흔적이 곳곳에 보였다.

마을을 나와 포장도로와 흙길이 반복되었다. 한두 사람씩 순례자들이 보이기 시작했다.

"부엔 까미노!"

"올라!"

오늘 처음 나누는 순례길 인사다.

오드리 강 앞에 보이는 거대한 모스텔라레스 고개가 발걸음을 멈추게 했다. 한참을 멍하니 바라보았다가 먼저 걷고 있는 순례자들과 고갯길을 사진에 한 장 한 장 담았다. 저 고개를 넘으면 분명 광활한 풍경이 기다릴 것만 같았다. 한 발 한 발 내디딜 때마다 거칠어진 숨소리는 지난 몇 년간 숨죽인 순간들을 떠오르게 했다. 그에 비하면 이 얼마나 행복한 숨소리인가 싶었다. 혼자여서 외롭지만 평온했다. 그랬다. 내 앞에는 광활한 평원이 기다리고 있었다.

피오호 샘이라는 작은 샘을 지나 산 니콜라스 성당에 들러 가족을 위해 그 어느 때보다 더 깊은 기도를 하였다. 크레덴시알에 스탬프를 받은 후 기부도 했다. 부르고스주에서 팔렌시아주로 바뀌는 표지판이 나왔다. 그리고 드디어 Bar도 보였다. 붉은 양귀비로 가득 채운 풍경, 밀밭과 끊임없는 평원에 한동안 넋 놓고 걷고 있을 때였다.

"안녕하세요? 사진 한 장 찍어 드릴까요?"

울긋불긋한 두건에 반짝거리는 선글라스, 하얀 티셔츠에 짧은 스키니 차림으로 꽁지머리를 한 건장한 한국 남성이 말을 걸어왔다.

"어? 한국분! 감사합니다."

본인이 사진을 잘 찍는다면서 자연스럽게 걷는 모습을 찍겠다고 했다. 풍경과 나의 그림자만 찍었던 난 귀인을 만나듯 했다. 몇 컷의 자연스런 포즈도 취했다. 구름 한 점 없는 파란 하늘과 쭉 뻗은 끝이 보이지 않은 평원에서 나의 인생컷을 남겨 주셨다. 혼자 걷는 순례자에게 신의 선물인 듯했다.

아스팔트 길과 흙길, 숲길과 평지와 오르막을 번갈아 가며 걷는 동안 보아디야 델 까미노에 도착했다. 혼자 걷는 보아디야 델 까미노, 유독 순례자도 드문드문 만나게 되는 보아디야 델 까미노. 28km 길

에 Bar도 한 곳인 보아디야 델 까미노에 도착했다.

마당이 넓은 통나무집 알베르게, 마루 밑에 줄지어 있는 순례자 신발, 빨랫줄에 걸린 옷은 순례자들의 만국기처럼 펄럭였고, 마당 한쪽 벤치에서 들리는 하모니카 소리, 나무 그늘에서 책을 보다 잠든 순례자의 모습이 알베르게 마당을 가득 채웠다. 그 풍경에 나의 신발과 빨랫줄의 옷들을 보탰다.

그리고 곧 도착할 언니와 형부의 허기를 달래줄 샌드위치와 맥주 등을 주문해 놓고, 언제나처럼 밝고 명랑한 내가 되어 그들을 기다렸다.

작은 음악회가 열리는 카스티아에서 카프로미스타

간밤에 뚝 떨어진 기온은 아침까지 이어졌다. 창문의 덜커덩 소리에 눈이 벌떡 떠졌다. 순례자들의 미동이 없어 보이는 알베르게 새벽을 혹이나 방해가 될까 봐 시체놀이 하듯 천장만 쳐다보며 누군가 일어나길 기다렸다.

뿌시럭 뿌시럭 어둠 속에서 누군가 가방을 들고 방문을 열고 나갔다. 나도 얼른 침낭과 가방을 들고 복도로 따라나가 주섬주섬 걸을 채비를 하였다. 프랑스 도착 후 첫날 룸메이트인 동갑내기 친구 미희였다. 찰랑찰랑한 긴 머리에 베레모를 쓴 그녀는 패션 감각이 돋보였고, 팀원들 사이에 빨강 배낭으로 불리던 친구는 웬만한 남자들도 따라가기 힘들 만큼 걸음이 빠르다는 소문이 있었다.

마지막 어둠을 불태우듯 음력 삼월 스무날 남짓한 반달 달빛만 보일 뿐 어둠이 깔린 이른 새벽을 걷기 시작했다. 반팔티 위에 얇은 바람막이 점퍼를 입고, 그 위에 두꺼운 패딩을 입을 만큼 기온은 초겨울 날씨였다. 마을을 빠져나가자마자 미희의 발소리는 들리지 않았다. 소문대로 미희는 오롯이 걷기에만 집중한 듯싶었다. 인적이 전혀 없는 어두운 수변 길엔 노란 화살표도 찾을 수가 없었다. 문득 겁이

덜컥 나기도 했고, 이 길이 맞나 싶어 미희에게 전화를 했다.

"미희야, 어디쯤 걷고 있어? 길게 뻗은 수변 길을 따라 걷고 있는데, 이 길이 맞을까?"

"응, 그 길로 쭉 따라오면 돼."

새벽길이니 같이 발을 맞춰 줄만도, 기다려 줄 만도 하겠건만, 오롯이 자기만의 길을 걷는 미희에게 서운함도 잠시, 바람에 흔들리는 나뭇가지 소리와 새소리가 들리기 시작했다. 그리고 눈앞에 몽글몽글 올라오는 운하가 보이기 시작했다. 한참을 눈을 감고 그 길에 머물렀다. 바람과 새소리, 물소리의 화음은 작은 음악회를 열어 주었다. 오롯이 나 혼자만을 초대한 음악회로 나만을 위한 음악을 들려주고 있었다. 카스티아에서 카프로미스타까지 이어지는 상쾌한 기운은 24.6km를 걷는 원동력이 되었다.

12시도 되기 전 오늘의 목적지인 까리온 데 로스 콘데스Carrion De Los Condes 마을에 먼저 도착한 미희를 만났다. 마을의 외곽에 위치한 옛 수도원이었던 호스텔로 2인 1실 미희와 두 번째 룸메이트 날이다. 까리온 데 로스 콘데스 마을은 초입 식당, 슈퍼마켓, 옷가게, 소모품 샵 등 제법 화려했다.

인솔자와 팀원들을 기다리는 동안 Bar에 들러 미희와 점심을 먹기로 했다. 아주 딱딱하고 그것보다 더 짰던 돼지고기 튀김 요리는 내 입맛에 찰싹 붙는 맛으로, 한국 음식이나 다름 없었다. 미희는 다양한 운동 동호회 회원으로서 평소 운동을 즐겨 한다고 했다. 작년에 지인들과 산티아고 순례길 일부 구간을 걷게 되면서, 생장에서부터 콤포스텔라 대성당까지 혼자서 오롯이 걷고 싶었다고 한다. 그래서 그 누구의 방해도 받지 않고 걷고 싶다고 했다.

그랬다. 늘 다른 사람들보다 먼저 출발했던 것도 그런 이유에서였다. 충분히 그녀의 말에 공감했고, 이해할 수 있었다. 나도 혼자 왔다면 그러지 않았을까 싶다. 그렇다고 지금의 환경과 걷는 나의 루틴에 아쉬움이 있지는 않다. 때로는 함께 어울리고, 때로는 함께 웃기도 하고, 오늘처럼 혼자만의 속도로 걷는 지금이 참 좋다. 이것이 따로, 또 같이의 매력이 아닐까.

까미노 데 산띠아고의 심장 까리온 데 로스 꼰데스

까미노 프린세스의 중간에 위치해 있는 까리 온 데 로스 꼰데스의 오후는 그 어느 때보다 길었다.

빌립보 수녀회Philippian Sisters of Carrión de los Condes의 순례자 호스텔은 넓은 정원과 넓고 높은 계단을 통해 들어가야 했다.

곱슬곱슬한 짧은 파마와 하얀 앞치마를 두른 백발 수녀님이 가벼운 허그로 맞이해주었다. 현관 중앙에 기념사진과 트로피 등이 담긴 큰 장식장이 세워져 있었고, 순례자들이 쉴 수 있는 테이블과 의자, 소파 등이 놓여 있었다. 길게 뻗은 복도는 여지없이 옛 수도원의 모습 그대였다.

복도를 왔다 갔다 하는 수녀님들의 모습은 마치 학창 시절 교무실 복도에서 선생님들을 만난 기분이었다. 좋아하는 과목 선생님들과 얼굴도장 한번 찍고 싶어 특별한 용무가 없는데도 교무실 복도 앞을 왔다 갔다 했던 소녀의 마음은 두근거렸다. 수녀님들에게 다가가 인사를 하고 말을 걸어 보는 것만으로도 내 가슴은 뛰기 시작했다. 모든 것을 품어줄 것 같은 사람, 누구든 받아줄 것 같은 사람, 어떤 이야기라도 들어 줄 것 같은 수도자에 대한 절대적 기대가 내 안에 있

는 것 같았다.

　학창 시절, 이해인 수녀님 시를 가슴에 품고 살면서 신앙심으로 불
태우던 날도 있었고, 수녀의 길을 꿈꿔본 적도 있었다. 어쩌면 섬김
과 봉사보다는 삶에 대한 도피였고 관종같은 꿈이었는지도 모른다.
이루지 못한 꿈은 세월이 지날수록 얼마나 다행인가 싶었다. 그 길
은 특별한 사명과 헌신이 있지 않고는 결코 걸을 수 없는 길임을 이
제는 알기 때문이다.

　학창 시절 같은 꿈을 이야기하던 친구가 있었다. 어디에선가 기쁜
고행의 길을 걷고 있을지도 모를 그 친구가 그리워졌다. 갑자기 우
리 팀원들의 목소리가 웅성웅성 복도에서 들리기 시작했다.

옆방에 배정된 언니, 형부의 목소리가 반가웠다.

"오랜만에 두 분이서 신혼 분위기 실컷 내겠네요?"

온타나스 마을 이후 서먹해진 관계를 회복하고자 멋쩍은 농담으로 언니 방에 들어갔다.

"갑자기 두 사람이 있는 방이 낯설다."

다인실의 벙커 침대에 익숙해진 언니 말처럼 나도 마찬가지였다. 깔끔한 흰색 40수 침구와 룸 안에 욕실이 있고 개인 단층 베드, 침대 옆 조명등, 그리고 화장대, 미용도구까지 겸비한 호텔급 호스텔은 15일 이상 길을 걸은 순례자에겐 꿈만 같았다. 사람은 이렇게 간사하다. 당연한 것처럼 누리고 살았던 우리네 삶이 얼마나 호화스러웠는지를 뒤돌아보게 했다.

마을 입구에서부터 귀족들의 집과 건축물들이 눈에 띈 까리온 데 로스 꼰데스는 산 소일로 왕립 수도원Real Monasterio de San Zoilo으로 잘 알려져 있었다. 12세기에 만들어진 로마네스크 양식 건물을 16, 17, 18세기에 걸쳐서 수차례 증개축한 수도원으로, 현재는 고급 호텔로 운영하고 있다. 아름다운 정원과 고풍스러운 로마네스크 양식은 두 눈이 휘둥그레질 정도였다. 잔잔한 음악이 깔리고 뜨거운 석양빛이 내린 정원을 두 손 꼭 붙잡고 천천히 걷는 전주에서 온 부부의 뒷모습은 더욱 아름다웠다. 유튜브를 찍으며 늘 카메라와 일체가 되어 걷는 남자, 나를 '언니'라 부르는 익살스러운 서른 살 중반의 남자에게 사진 한 장을 부탁했다. 건축의 아름다움을 아는 사람처럼 나는 이리저리 포즈를 취하며 몇 장의 사진을 남겼다.

순례자들의 몸과 눈과 입이 즐거운 까리 온 로스 꼰데스의 밤은 미희와 함께 잠들었다.

할머니의 수프 한 그릇

그 어떤 것에도 방해받지 않고 꿀잠을 잤다. 눈을 뜨자마자 미희는 먼저 출발했다.

"순아, 일어났니? 언니 방으로 건너와."

전날 언니는 아침에 먹을 빵과 요플레, 과일 등을 미리 준비했다. 오랜만에 여유로운 아침을 먹고 언니랑 함께 출발할 때쯤 다른 순례자들도 하나둘씩 현관에 모여들기 시작했다. 밝고 환한 웃음으로 인사하는 순례자들은 모두 편안한 모습이었다.

바람과 낮은 기온은 발걸음을 더 재촉하며 전날 두 번씩이나 방문한 산 소일로 왕립 수도원을 지나 까리온 데 로스 꼰데스 마을과 안녕을 했다. 단단한 흙길에서 기계처럼 움직이는 나는 다리의 무게만큼이나 걸어온 거리도 짐작할 수 있었다.

칼사다 로마길로 접어들어 걷다 보니 길가에 작은 입간판에 메뉴를 적어 놓은 푸드트럭이 반겼다. 7km를 한 시간 정도 걸어 왔으니 '기계가 아니고서야 어찌 사람이 걸었다고 할 수 있겠나?' 싶을 정도로 걸음은 점점 빨라졌다.

차가운 바람이 부는 날이니만큼 따뜻한 에스프레소 향이 더 진하게 다가왔다. 며칠 전에 본 키가 크고, 누가 봐도 운동으로 단련된 몸매에 긴 머리를 곱게 묶은 뒷모습이 매력적인 젊은 친구를 여기서 만났다. 친한 친구를 만난 듯 반가웠다.

"혼자 걷나요?"

"네, 혼자 오셨어요?"

"아니요. 팀으로 언니, 형부도 같이 왔어요."

"네, 여성 인솔자가 있는 팀인가 보네요."

딸 나이보다 서너 살쯤 더 먹어 보이는 그녀는 목소리도 참 단아해 보였다. 눈앞의 안개가 스르르 걷히듯 길 위의 만남은 짧은 인사를 남기고 자기 길을 가는 것도 익숙해졌다.

키다리 아저씨만 한 그림자를 앞세우고 걷다 보니 405km라 적힌 산티아고 표지판이 떡하니 서 있었다. 표지판의 숫자는 산티아고 데 콤포스텔라까지 남은 거리를 알려주는 거였고, 반을 걸은 셈이었다.

"감사합니다!"

나도 모르게 표지판에서 두 손 모아 기도했다. 초반에 발뒤꿈치의 상처로 걱정했었는데, 조금씩 굳어지고 있어 발도 한결 가볍고 아무런 문제 없이 걸을 수 있는 지금이 너무도 감사했다.

입에서 단내가 날 만큼 혼자 걷다 지칠 때쯤이면 앞서간 순례자들이 자갈돌에 써놓은 '힘내', '사랑해'는 마치 나를 위해 써 놓은 글귀 같았다. 그 돌 위에 나도 돌을 하나 보탰다. 그러자 그 응원 문구는 고스란히 내 것이 되었다. 힘을 받은 걸음은 다시 리듬을 찾기 시작했고, 곧 테라디요스 데 로스 템플라리오 마을에 도착했다.

구름 한 점 없는 하늘은 마을을 들어서면서 어두워지기 시작했고, 바람도 세게 불었다. 이 마을은 과거 템플 기사단의 근거지가 있던 곳이라 했다. 그래서인지 마을 입구에는 큰 비문이 세워져 있었다.

작은 마을 초입에 있는 알베르게에 먼저 도착한 몇몇 팀원들과 외국인 순례자들이 마당 테이블에 앉아 있었다. 푸드트럭에서 커피 한 잔을 먹은 후 아무것도 먹지 않은 난 땀이 식으면서 배도 고프고 갑자기 몸이 으슬으슬 추워지기 시작했다. Bar 안에 들어서자 며칠 전 인생샷을 찍어주신 두건 쓴 아저씨가 뚝배기 그릇에 해장국 같은 음식을 먹고 있었다. 할머니와 가족이 운영하는 듯한 Bar였다. 나도 같은 메뉴를 주문하자 수프 한 가지만은 팔지 않는다고 했다. 그러자 아저씨가 나를 할머니에게 데리고 가서 내가 몸이 많이 안 좋다는

말씀을 하신 것 같았다.

할머니는 내 손을 잡고 의자로 안내하더니 곧 수프 한 그릇과 빵 두 조각을 들고 나왔다. 그것은 어릴 적 한겨울에 돼지기름을 가득 넣고 끓인 걸쭉한 우거짓국 맛이었다. 몇 술 뜨자 추웠던 몸이 금세 풀리는 것 같았다. 며칠 굶은 사람처럼 바닥까지 깨끗이 비운 나를 지켜보는 아저씨는 아까 보니 얼굴빛이 너무 안 좋더라며 걱정해 주셨다. 할머니도 처음에 거절한 것이 미안한 듯 자꾸 쏘리, 쏘리 하셨다. 가끔 기운이 없거나 몸살이 날 때면 뜨끈뜨끈한 순댓국 한 그릇은 최고의 보약이었다.

여성의전화에서 근무할 때 정이 많은 선생님이 계셨다. 때로는 날카롭고 때로는 과다한 업무 지시로 힘들기도 했지만, 활동가들에게 밥을 잘 사주는 선생님이셨다.

"선생님, 오늘 순댓국 한 그릇 사줄게, 먹고 가요."

"제가 오늘 순댓국 생각 나는 줄 어떻게 아셨어요?"

"선생님에게 순댓국은 힘들거나 기운이 떨어질 때 에너지 보충제 잖아요."

내 입으로 말한 적 없는 순댓국인데, 내가 힘들 때마다 순댓국을 사 먹더라며 오늘이 그날인 것 같았다고, 비싼 음식이 최애이지 않아 다행이라고 웃으시던 선생님

의 안부가 궁금했다.

　한두 방울씩 떨어지던 빗방울은 금세 굵은 빗줄기로 변했고, 주황색 판초 우의를 입은 언니도 곧 들어왔다.

　오늘은 특별히 인솔자와 같은 룸에 머물게 되었다. 그녀는 단아하고 분별력 있는 리더십으로 팀원들과 따로 또 같이 걷게 하는 화살표 같은 안내자였다. 삼십 대 후반으로 대학원 공부 중이라 소개한 그녀는 일 년에 많게는 두 번 정도 인솔을 한다고 한다. 산티아고 순례길에서 자기만의 꿈을 꾸고 만들어간다는 그녀의 목소리는 낮에 먹은 수프 한 그릇만큼이나 묵직하고 따뜻했다.

길 위의 사람들과 함께 춤을 춰요

간밤에 강한 바람과 비가 내렸다. 전날 구름 한 점 없는 파란 하늘이었기에 순례자들은 약속이라도 하듯 다른 날보다 더 많은 옷가지를 마당 빨랫줄에 널어놨다. 신발은 햇볕 잘 들어오는 마당 한쪽 벽에 나란히 줄을 세웠다. 각자의 쉼을 즐기고 있는 저녁 무렵, 순식간에 쏟아진 세찬 비바람은 빨랫줄의 옷들과 줄 세워진 신발을 나뒹굴게 했다.

'어? 나 내일 입을 옷이 없는데 어떡하지?'

'아이고, 내 배낭!'

맨발로 달려간 순례자는 입고 있는 옷마저 다 적셨다. 어느 순례자는 배낭도 말려 두었던 모양이다. 또 다른 순례자는 침낭을 말리고 있었다. 처마 밑에 널어놓은 나의 옷들도 다 젖었다. 밤사이 내린 비와 영하로 떨어진 기온은 순례자들의 몸을 웅크리게 했다.

"뭐 이런 날도 있는 거지."

"이것도 추억이지 않겠어?"

혼잣말을 중얼거리는 팀원 중 마라톤 아저씨는(본인이 말하는 최애 운동 마라톤) 한여름에나 입는 얇고 하늘하늘한 냉장고바지 차림에 여벌 하나, 얇은 바람막이뿐이었다. 그마저 덜 말린 옷을 입어야하는 영하권 날씨에 감기라도 걸릴까 봐 걱정이 앞선다. 반면 난 내의에 두꺼운 패딩, 장갑까지 착용했다. 출발 전 인천공항에서부터 내 배낭 크기와 무게를 걱정하더니 오늘은 부러운 눈치다. 나를 '박사님'(뭐든지 척척 잘 한다고)이라 부르는 마라톤 아저씨가 말했다.

"도대체 그 가방에 없는 것이 뭐랍니까?"
"없는 것 빼고 다 있지요."
"난 친구가 이 정도면 충분하다 했었소."

추위에 도망이라도 가듯 마라톤 아저씨의 발걸음이 빨라지기 시작했다. 난 다시 혼자 걷기 시작했다. 사아군에 들어설 무렵 멀리서 동이 트기 시작했다. 앞에서는 평원이 훤히 펼쳐졌다. 등 뒤에서 스페인의 강렬한 태양볕이 따뜻하게 느껴지기 시작했다. 배낭에 주렁주렁 매달린 양말과 수건도 말라가기 시작했다.

사아군Sahagun에서는 산후안 성당, 산 로렌스 성당, 시청사, 산티르스 성당, 산 베니토 아치문 등 유서 깊은 중세 도시를 볼 수 있었다. 특히 사아군 나가는 길목에 위치한 산 베니토 아치문은 17세기 산 베니토 사아군 수도원에서 만든 건축물이라고 한다. 당시 수도원의 풍요로움을 알 수 있을 것 같았다. 한적한 시골길만 걷다 오랜만에 만난 도시는 활력이 넘쳤다. 로컬 시장도 보였다. 길목 길목 화려한

벽화들도 볼 수 있었다. 사하군의 조형물들도 보였다. 며칠 전 만난 게이또(일본인 순례자)도 만났다. 우리는 반가운 마음에 두 손을 맞잡고 펄쩍펄쩍 뛰었다. 벽화 앞에서 같이 사진도 찍었다. 그리고 첫날 피레네산에서 만난 이탈리아인 소녀도 만났다. 두 사람 모두 오늘 나의 목적지와 달랐다. 길 위에서의 만남은 빨리 친해지지만, 곧 헤어져 자기 갈 길을 간다. 순례길의 매력인 것 같다.

사아군의 명소를 하루 정도 머물면서 보고 싶다는 생각이 들었지만, 사아군을 빠져나와 베르시아노스 방향으로 흙길을 쭉 걸었다. 청명한 하늘과 쭉 뻗은 가로수길을 걷다가 현대적인 베르시아노스 델 레알 까미노 아치문을 만났다.

베르시아노스 델 레알 까미노Bercianos Del Real Camino 알베르게에 도착했다. 넓고 푸른 잔디마당이 있는 단층 알베르게였다. 깔끔하고 고풍스러운 레스토랑은 지나가는 순례자들의 발걸음도 멈추게 했다. 상그리아 한 잔은 두 잔이 되었다. 일행 중 때마침 바다색 원피스에 핑크색 블라우스, 하얀 블라우스를 입은 길 위의 친구들이 길쭉한 키를 뽐내듯 잔디마당에 서 있었다.

　나보다 한 살 어린 친구들로 동갑내기 여자 둘, 남자 하나인 삼총사가 함께 온 순례길이었다.

　그들과 난 오래된 친구처럼 언니, 누나, 동생으로 걷고 있었다. 며칠 전 어느 도시를 지나다 원피스를 샀다고 자랑하더니, 오늘 사아군에서 블라우스를 샀다고 한다. 파란 하늘과 사방의 그림 같은 풍경과 잘 어울리는 모습이었다. 난 몇 컷의 사진을 찍어주었다. 그리고 분홍색 블라우스와 파란 원피스를 내가 다시 입었다. 학창 시절 소풍 때면 친구들 옷을 바꿔 입고 사진을 찍듯이 서로의 옷을 바꿔 입기 시작했다. 그리고 다른 여성 순례자들도 하나둘씩 옷을 갈아입고 모여들었다.

　우리는 산티아고 순례자 패션모델이 되어갔다. 그러다 약속이라도 한 듯 갑자기 라인댄스 춤을 추기 시작했다. 며칠 전 삼총사 중 남자 친구가 순례자들에게 라인댄스를 가르쳐 준 적이 있었다. 창문을 열고 박수 치며 함께 즐기는 순례자, 빨래를 하다 고개 내민 순례자, 레스토랑에서 식사하던 순례자, 햇살 좋은 의자에 앉아 쉬고 있는 외국인 순례자도 춤으로 하나가 되었다. 지나가던 순례자들도 발걸음을 멈추고 박수를 치며 카메라에 담았다. 알베르게 잔디 마당은 순식간에 순례자들의 파티장이 되었다.

　함께 춤을 추고 손뼉을 치는 동안 해가 뉘엿뉘엿 지고 있었다. 내 안의 끼를 통째로 들켜버린 민망함보다는 기쁨과 감사가 나를 채웠다. 사람과 사람은 언어뿐 아니라 춤으로도 서로 소통하고 즐거울 수 있다는 것을 알게 된 시간이었다. 단지 나는 구부러진 길 위를 걸었을 뿐인데….

흥미로운 만시야 데 라스 뮬라스

아침 여섯 시, 알베르게 식당에서 제공한 빵과 수프와 요플레 등을 먹고 따로 또 같이 만시야 데 라스 뮬라스Mansilla De Las Mulas까지 26.1km를 걷는 날이다.

전날 라인댄스를 함께 했던 브라질 아주머니도 식당에서 반갑게 아침 인사를 했다. 엄지척과 함께 "오, 라인댄스!"에 터지는 웃음소리는 순례자들에게 경쾌한 아침을 선물했다.

7km 정도 걷다 보니 엘 부르고 라네르 지역 라면집이 크게 눈에 띄었다. 오늘따라 아침을 든든히 먹고 출발한 지 겨우 한 시간 반 정도밖에 되지 않았고, 라면을 그닥 좋아하는 것도 아니어서 멈칫거리고 있는데, 며칠 전 길 위에서 마주쳤던 한국인 남성 순례자를 만났다. 자연스럽게 같은 테이블에 앉아 라면 하나와 샐러드 하나를 주문했다. 라면을 좋아하지 않는 나에게 서로 나눠 먹을 수 있는 절호의 기회였다. 혼자서 프랑스, 스페인 여행을 한 달 정도 하고 생장에서부터 걷고 있다는 그는 일 년이면 반은 유럽에서 지낸다고 했다. 아직 퇴직할 나이는 아닌 듯했으나 육십이 진작 넘었다는 말이 믿기지 않을 만큼 젊어 보였고, 무엇보다 영어와 스페인어를 섞어가며

146

능숙하게 주문하는 모습에 난 얼음이 되어 버렸다. 구글 맵을 켜고 몸짓, 손짓, 다해가며 소통을 시도했지만, 정작 상대방의 말을 전혀 알아들을 수 없어 "예스, 예스" 하다 엉뚱한 음식을 먹었던 일이 떠올랐다. 외국어가 유창하면 그만큼 깊은 여행을 할 수 있을 것 같아서 그가 몹시 부러웠다.

순례길에서의 만남과 헤어짐은 익숙한 일이어서, 우리는 곧 자기만의 걸음으로 뚜벅뚜벅 걷기 시작했다.

흙길과 기찻길을 걷다 보면 와인 저장고가 큰 산처럼 눈에 보였다. 자동차 전용도로의 왼쪽으로 이어지는 평탄한 길은 간격을 맞춰 심어진 나무가 즐비했다. 걸음걸이가 익숙한 순례자의 배낭에 대한민국 태극기가 눈에 띄었다. 피레네산을 넘을 때 팀원들과 뒤처져서 서로 숨고르기를 했던 치마 입은 동생 영이였다.

"영아, 네 태극기 든 모습 사진 한 장 찍을 수 있을까?"

간혹 순례자 중에 영이처럼 자기 나라 국기를 가지고 다니는 사람을 만나곤 한다. 그들만의 주인의식도 있겠지만, 만나고 헤어짐이 반복되는 순례자들 틈에 매개체가 되기도 했다.

"영아, 넌 어떤 마음으로 태극기를 들고 왔어?"

"그냥요. 왠지 그냥 챙기고 싶었어요."

보름 동안 봐 왔던 영이다운 답변이었다. 우리는 끝이 보이지 않은 지평선 길에서 콧노래를 불러도 보고 석상으로 된 의자에 누워 보기도 했다.

"언니, 피레네산을 넘을 때 생각나세요? 그때의 나약함은 어디 가고 갈수록 힘이 남아돈대요?"

한 번쯤은 지칠 만도 했고 퍼져 있는 모습을 보일 때도 되었건만, 이 시간이 내겐 너무도 소중하고 감사해서 그럴 수 없었다.

산티아고데 데 콤포스텔라까지 남은 거리가 적힌 표지판의 숫자도 앞자리가 바뀌었다. 점점 가까워지고 있다는 뜻이다. 이 길을 걷다 보면 애써 지우려 하지 않아도 머릿속이 비워지는 느낌이 너무 좋았다. 그리고 새로운 뭔가가 채워지는 희열은 걷는 자만이 알 수 있을 것이다.

쭉 뻗은 고속도로를 달리다 보면 정체되던 길이 어느 순간 뻥 뚫리 듯이, 순례자들의 모습이 보이지 않다가 어느 순간 정거장이라도 되 듯 순례자들과 만날 때가 있다. 그곳은 Bar이기도 하고, 길 위이기도 했다.

만시야 데 라스 뮬라스 외곽의 고가가 그랬다. 서로 사진을 찍기도 하고, 파란색의 고가 난간에 기대어 잠시 멈춤을 하기도 했다. 아마도 오늘의 목적지가 다가오고 있다는 여유로움이었던 것 같았다. 산타마리아 아치문을 통과해 만시야 데 뮬라스의 구시가지는 한적하면서도 묵직한 중세의 벽이 우리를 맞이했다.

만시야 데 라스 뮬라스는 뽀르마 평원과 에슬라 평원 사이 드넓은 포도밭과 과수원 사이에 자리를 잡은 도시로서, 토마토 요리와 재미있는 전설이 이어진 곳이기도 했다. 7~8월이면 도시 전체가 옛날로 돌아가 중세 의상을 입고 전통 음식을 먹으며 중세 기사들의 결투를 재현하기도 하고, 산 페르민 축제와 함께 스페인을 대표하는 '토마토 축제Feria del Tomate'가 열리는 곳으로 유명하다.

또한 만시야 데 뮬라스 과거 까스또르 데 란시아의 수도였던 로마 시대 도시의 폐허가 남아 있기도 했고, 붉은 건축의 독특한 그라시아 성모 성소Santuario de la Virgen de Gracia는 18세기에 만들어진 건물로, 만시야 데 라스 뮬라스의 수호성인 감사의 성모상이 보관되어 있기도 했다.

특히 16세기 수도원이었고, 현재 정통 박물관이 된 이곳은 과거 이곳 사람들이 어떻게 살았는지에 대한 모든 것을 알 수 있도록 잘 보여주고 있었다. 대한민국 농경사회와 비교해 가며 시간 가는 줄 모르고 머물렀던 흥미로운 정통 박물관은 만시야의 오후 시간을 충만하게 해주었다.

화려한 레온에서 연박하다

노란 화살표와 조가비에 이끌려 걷고 먹고 자고 휴식하기를 반복한 지도 벌써 스무날이 가까워지는 오늘은 그 어느 날보다 더 설레고 더 걸음을 재촉하고 싶었다. 산티아고 순례길에서 대체로 작은 마을을 만나지만 몇 개의 대도시가 있는데, 오늘 가게 되는 레온은 산티아고 데 콤포스텔라에 닿기 전 마지막 대도시여서 처음으로 연박을 하기로 했다. 무엇보다도 레온에서 뷔페를 먹을 수 있다는 사전 정보에 아침부터 침을 삼켰다.

일주일 이상 이어진 메세타 길은 단조로운 풍경과 고독한 길로 나 자신에게 몰입할 수 있는 성찰의 기회를 주었다. 고속도로를 달리는 자동차 소리도, 공장지대 소음 소리도, 때때로 고요함 속에서 느껴지는 자연의 리듬도 순례길을 이어 주는 여정이었다.

갑자기 배가 아프기 시작했다. 등에 진 배낭의 무게는 내 온몸을 짓눌렀고, 이마에는 식은땀이 맺혔다. 그리고 괄약근의 힘이 강해질수록 발걸음은 점점 무거워졌고, 나도 모르게 신음소리가 새어 나왔다. 주변은 온통 공장지대일 뿐 Bar는커녕 순례자들도 보이지 않았다. 하필 메세타 길에서 이런 생리현상이라니, 괄약근의 힘을 놓고 싶을 무렵, 오픈 준비를 하고 있는 Bar를 발견했다.

"익스큐즈미, 아임쏘리! 아임쏘리! 토일렛!"

외치며 화장실 표시가 있는 곳으로 무작정 뛰었다. 잠시 후 창백해진 얼굴빛은 금세 불그스름해졌고, 광명을 되찾게 해준 주인장에게 꾸벅 폴더 인사를 하며 에스프레소 한 잔을 주문했다. 나와 비슷한 나이로 보이는 여자 주인장은 작은 바나나 하나와 함께 주문한 에스프레소 커피 한잔을 내밀며 "부엔 까미노!"로 화답했다.

눈앞이 캄캄했던 십여 분은 지금까지 걸어온 400km보다 더 힘든 시간이었다. 아침은 공복이었고, 전날 만시아 데 물라스 정통 박물관 관람 후 언니가 고맙다며 분위기 좋은 레스토랑에서 거한 식사를 사주었고, 그곳에서 주인장이 추천한 와인을 셋이서 두 병이나 마셨다. 간만에 허리띠를 풀어 놓고 오붓한 식사와 취기에 행복을 더했던 결과였다.

처음으로 아이들과 베트남으로 해외여행을 갔던 때가 생각났다. 해외여행 가서는 물갈이에 주의하고 항상 음식 주의를 상기하곤 했지만, 북한에서도 가장 무서워한다는 중2 아들은 막무가내였다. 길거리에서 파는 빠짝 말라비틀어진 참새고기를 먹겠다는 아이를 엄마는 말리고 가이드는 괜찮다며 먹어도 된다고 했다. 결국 먹자마자 복통과 열이 다음날까지 이어졌다. 지금도 해외여행 이야기가 나올 때면 그때의 고통을 토로하는 아들에게 엄마 말을 듣지 않은 대가로 핀잔을 던지곤 했다.

그리고 두 아이는 통화와 카톡으로 음식 조심, 소매치기 조심, 약 잘 챙겨 먹기 등 알람 울리듯 매일 반복했다. 아이들만 어른 말을 안 듣는 건 아니었다. 어른이라는 이유로 판단과 고집을 일삼을 때가 바로 이런 때가 아닌가 싶었다.

산티아고 데 콤포스텔라 대성당까지 300km 남짓 남겨 둔 레온까지 18.6km를 걸어 12시도 되기 전 도착했다. 산티아고로 가는 길의

주된 이정표가 된 도시이기도 한 레온은 종교 회의가 열린 곳이기도 하다. 특히 산 마르셀로 성당, 가우디 건축물, 구스마네스 궁이 모여 있는 레글라 광장에 고딕 양식의 레온 대성당은 우아하고 정교했다. 유네스코 세계문화유산이기도 하고 역사적 사건은 물론 풍성한 문화 예술 유산이 많이 남아 있는 대성당 앞에는 길 위에서 만난 순례자들로 인산인해를 이루었다.

호스텔에 짐을 풀고 곧바로 중국식 뷔페로 향했다. 스테이크, 샐러드, 과일, 후식 등은 물론 해산물의 천국이었다. 맘껏 골라 먹을 수 있는 뷔페 음식을 순례길에서 먹다니 꿈만 같았다. 하지만 아침부터 뷔페 음식에 잔뜩 들떠 있던 나에게 급한 생리현상은 빨간 신호등 전 황색등이었던 것이었다. 그럼에도 불구하고 그림 같은 음식 앞에서 달리기라도 하듯 접시를 비우고 또 비우기를 반복하면서 오늘의 생리현상은 잊지 못할 일화가 되었다.

레온 시내는 아파트 같은 고층 건물들이 즐비했다. 나는 볼거리 먹을거리들이 풍성한 이곳에서 고삐 풀린 망아지처럼 여기저기를 누비고 다녔다. 일본인 순례자 게이코도 이곳에서 다시 만났다. 오래된 친구를 만난 듯 우린 서로 부둥켜안고 폴짝폴짝 뛰며 반가워 어쩔 줄을 몰랐다. 같이 사진을 찍기도 하고 "마이 시스터"라며 언니도 소개했다. 혼자 걷는 게이코와는 온타나스 보아디아 델 까미노 길 위에서 만났다. 그녀는 큰 배낭을 축 늘어지게 메고 아주 가볍게 걷는 것이 인상적이었다. 만나고 헤어지는 것에 익숙해지는 까미노 친구답게 사진을 한 컷 남기며 유유히 자기 갈 길을 갔다.

레온에서는 하루 쉬어가며 연박을 하기로 애초부터 계획이 되어 있었다. 레온 대성당의 야경과 밤거리를 즐기며 팀원들과 맛집을 찾아다니는 재미에 푹 빠지기도 했다.

특히 둘째 날 레온의 현대 미술관은 건물의 색감부터 명쾌하고 역동적인 분위기를 연출했다. 미술에 대해 잘 알지 못하지만, 가끔 전시회를 갈 때면 마음이 평온해지고 작품 속 주인공이 된 듯한 희열감이 들었다. 여기 레온의 현대 미술관도 그랬다.

살기 위해 집을 떠나야 했고, 걸어야 했던 낯선 길 위에서 벌써 스무날이 되어가고 있었다. 길 위에서 매일매일 나를 마주할 때면 가슴이 먹먹해지는 지난 회한들 앞에 겸허해질 수밖에 없었다. 그리고 이곳 레온의 현대 미술관에서 난 내 안의 진한 색감들과 비슷한 색을 찾아보고 있었다.

32km 더하기 10km에서 만난 나의 수호천사

레온의 화려한 밤과 낮, 먹거리, 편안한 호스텔의 호사를 뒤로하고 삼삼오오 배낭을 꾸리는 순례자들의 한숨 소리가 여기저기서 들리기 시작했다. 오늘의 목적지인 오스피탈 데 오르비고Hospital De Orbigo 까지는 32km였다.

"헉, 헉, 헉" 소리가 절로 나오는 거리였다. 긴 구간인 만큼 Bar에서의 시간을 단축하기 위해서 아침을 간단히 먹고 과일, 빵, 과자 등의 간식을 더 챙겼다. 레온까지 가슴 개운한 평원이었다면, 라 비르헨 델 까미노까지는 오래된 포도주 저장고와 함께 불규칙적인 주택들과 공장지대는 어수선했다. 더구나 레온에서 묵었던 순례자들이 한꺼번에 걸어 나오듯 거리는 집회 현장을 방불케 했다.

"부엔 까미노!"

그 많은 순례자 중에 누군가 바로 내 옆에 나란히 걷기 시작했다. 며칠 전 푸드 Bar에서 만난 키 크고 눈이 큰 긴 머리 젊은 친구와 일본인 순례자 게이코였다. 레온에서의 이야기보따리를 풀어내느라 길 위는 수다방이 되었다. 은이라고 하는 젊은 친구는 게이코와 나의 서툰 언어에 통역까지 해주었고, 어느새 우린 아주 친한 세 자매 같았다. 한국에서 필라테스 강사라고 하는 은이는 산티아고 데 콤포스텔라 대성당까지 걸은 후 두 달 정도 유럽 여행을 할 계획이라고 했다. 젊음과 용기가 부럽기만 했다.

게이코가 갑자기 가던 길을 멈추고 뒤를 돌아봤다. 굉장히 높은 십자가 종탑을 가리켰다. 셋은 뒤돌아서 오던 길을 다시 걸었다.

> 라 비르헨 델 카미노La Virgen del Camino는 1505년 성모가 발현한 곳이라 하여, '순례길의 성모' 마을이라고도 하였다. 높은 종탑과 앞면 파사드에 거친 청동으로 만든 열두 사도 예수님의 제자들과 성모상이 설치되어 있는 성당은 1505년부터 있었던 오랜 성당을 허물고 그 자리에 1961년 새롭게 건축했다고 한다.
>
> - [출처: 대한민국 산티아고 순례자협회]

이른 시간이어서인지 내부는 들어갈 수 없어 몹시 아쉬웠지만, 높이 55미터에 이르는 십자가 모양의 종탑이 마치 성당을 굽어보듯 서 있었고, 길을 걷는 순례자들을 지켜주고 있다는 생각이 들었다. 우리는 나란히 서서 사진을 찍으며 하마터면 모르고 지나칠 뻔했던 귀한 성당을 알게 해준 게이코에게 엄지척으로 감사를 대신했다.

오늘의 도착지가 다른 셋은 앞서거니 뒤서거니 걸었다. 걸음이 빠른 은이는 곧 시야에서 멀어졌고, 게이코는 점점 뒤처지기 시작했다. 난 Bar에서 기다리는 언니, 형부와 진한 커피 한잔을 마시고 다시 혼자 걷기 시작했다.

산마르틴을 지날 무렵 노란 화살표 표시는 애매하게 두 방향으로 나뉘어져 있었다. 아마도 차도와 들길의 갈림길인 듯싶어 난 풍경 좋은 들길을 선택했다. 앞서가는 순례자가 보이더니 어느 순간 시야에서 멀어져 갔다. 산티아고 순례길에서 보기 힘든 황톳길의 평온에서 내 발은 마치 자동차의 제네레이터(발전기)가 달린 듯 자동으로 움직였다. 몸이 기억하는 시간과 거리는 벌써 꽤 지난 듯했고, 사방을 둘러보아도 들판 한가운데에 나 홀로 서 있었다. 뜨거운 태양마저 내 등을 오싹거리게 했다. 그제야 스마트폰을 꺼내 구글 맵을 켰

다. 갈림길에서 들판을 따라 앞으로 걷는 것이 아니라, 오른쪽 방향으로 5km를 잘못 걷고 있었다. 지난번의 길 알바(길을 잃고 헤매는 것)는 아무것도 아니었다. 되돌아가기까지 왕복 10km의 까마득한 거리보다 무섭고, 두려움으로 앞이 캄캄했다. 언니한테 전화를 할까, 인솔자에게 전화를 할까 망설여도 봤지만, 어차피 내가 걸어가야 할 길이었다. 애꿎은 가방끈을 다시 동여매고 발바닥이 불이 나듯이 재가동을 했다. 드디어 갈림길을 만났다.

"어? 언니 왜 거기서 와요. 아침 일찍 출발하시지 않았어요?"

"언니, 혹시 알바하신 거예요? 어디까지 갔다 오신 거예요?"

나보다 늦게 출발한 영이와 란이 언니였다.

"응, 그냥 앞만 보고 멍하니 걷다 보니, 들판 한가운데 나 혼자였어."

멋쩍은 내 표정에 영이는 통쾌하다는 듯이 깔깔깔 웃으며 놀리기 시작했다.

영이와 란이 언니와 발을 맞추며 가도 가도 끝이 없을 듯한 직선 구간의 아스팔트 길을 뙤약볕 속에 걸어야 했다. 벌써 40km 이상을 더 걸은 나에게 저 멀리 보이는 마을은 마치 신기루처럼 걸을수록 더 멀어져가는 것 같았다.

오스피탈 데 오르비고는 돈 수에로 유명한 다리(돈키호테의 모티브가 된 중세다리)에서 삼삼오오 사진을 찍는 순례자들로 붐볐다. 사진 찍기 좋아하는 난 스마트폰을 들 기력조차 없었다.

"얼른 알베르게에 짐만 풀고 저기 레스토랑에 와서 우리 맛난 것 먹자."

　란이 언니 말이 귀에 쏙 들어왔다. 바로 레스토랑 안으로 들어 가자
고 말하고 싶었지만, 룸 배정을 먼저 해야 했었다. 더구나 오늘따라
알베르게 배정이 두 팀으로 나눠지기도 했기 때문이다. 마을 입구
레스토랑에서는 조금 전 건너온 오르비고Orbigo 돈 수에로 유명한 다
리에 길게 놓인 아름다운 돌다리를 한눈에 내다볼 수 있었다.

오스피탈 데 오르비고는 오르비고 강이 흐르고, 울창한 검정 버드나무와 신선한 사탕수수, 감자, 과일이 자라는 곳이었다. 이곳은 다리를 사이에 두고 두 개의 마을로 나뉘는데, 이 다리는 로마 시대에 처음 축조되어 여러 시대에 걸쳐 변형되었으며, 까미노 데 산티아고에서 가장 긴 다리이기도 했다. 또한 스페인에서 가장 유명한 기사도 정신이 발휘된 곳이기도 하다. 돈 수에로가 벌인 결투를 기리는 축제가 매년 6월의 첫 번째 주말에 열리며 이때에는 도시 전체를 중세 식으로 꾸며 놓고 중세식 시장을 열고, 마을의 사람들이 중세 복장 축제를 즐긴다고 한다.

- [출처: 대한민국 산티아고 순례자협회]

고급 레스토랑의 분위기와 음식들은 초췌해진 내가 금세 활기를 찾게 해주었다. 늘 따뜻한 말씨와 여유 있는 걸음은 란이 언니의 안정된 삶의 흔적처럼 보였다. 특히 알베르게 벙커 침대 위치 배정에 많은 순례자들이 민감해하기도 하고, 이층 침대를 힘들어할 때마다 무조건 양보해 주는 언니의 모습은 나에게 큰 귀감이 되었다. 오늘도 그랬다. 레스토랑을 찾아주고 음식 메뉴를 추천해 주며 지친 몸과 마음을 달래주고 앞에서 옆에서 뒤에서 예쁜 모습들을 스마트폰에 가득 담아 주었다. 란이 언니는 오늘 나의 수호천사였다.

아스토르가에서 터져 나온 6개 국어

전날 40km 이상을 걷게 된 사실을 배려하듯 오늘 목적지인 아스토르가까지는 16.4km만 걸으면 된다. 이 정도면 식은 죽 먹기다. 느긋한 아침을 먹고 팀원들과 함께 출발했다. 언니와 형부는 오르비고 Orbigo 돈 수에로 다리에서 일출 사진을 찍고 싶다며 역방향으로 향했다.

"오오!"

팀원들의 감탄에 여유로운 미소는 모두를 흐뭇하게 했다. 조금씩 여유를 찾아가는 모습은 형부뿐 아니라 다른 순례자들도 마찬가지였다. 초반을 걸을 때만 해도 그저 '빨리, 빨리' 앞만 보고 걸었던 순례자들은 예쁜 길을 만날 때면 옆길로 돌아가는 모습을 보이기도 했다.

언니와 형부도 어쩌면 일출을 핑계 삼아 오르비고 돈 수에로 다리를 다시 한번 더 보고 싶었는지도 모른다. 까미노에서 마주하는 매력을 우리 모두 각자 나름대로 찾아가고 있는 것 같았다. 걸어 왔던 거리보다 짧아지는 거리를 앞두고 조금씩 아쉬워하는 순례자들의 이구동성에 나도 한목소리를 더하며 더 깊은 걸음을 위해 다짐해 보았다.

오스비탈 델 오르비고 마을을 벗어나자 흙길이 계속되었다. 간만에 나온 오르막길도 구간이 짧은 만큼 애교로 걸을 수 있는 여유가 있었다.

놀라운 건 산티바네스 데 발레이글레시아 마을을 지날 때였다. 눈앞에 펼쳐진 기부제 과일과 음료 좌판은 마치 뷔페식당의 후식 코너를 연상케 했다. 과일 알레르기가 있어 내가 먹을 수 있는 음식이 제한되어 있었으나, 보는 것만으로도 배가 부르고 행복했다. 성당이나 까미노 곳곳에 기부제 음식들을 줄곧 만나곤 하지만, 이곳의 기부제 음식은 또 다른 감탄을 자아냈다.

며칠 전부터 입소문으로 들은 '하니(한국인 순례자)'도 드디어 만났다. 재치 있고 맛깔스런 입담으로 까미노 길에서 모르는 사람이 없을 정도였다. 역시나 소문대로였다. 기부제 좌판 앞에서 마치 홍보부장이라도 된 듯 순례자들에게 먹을 것을 추천하며 기부의 아름다움을 설명하기까지 했다. 삶은 계란 한 개와 수박 한 쪽, 바나나를 먹은 후 통 큰 기부로 감사의 표현을 전했다.

관목지와 경작지를 지나 우뚝 서 있는 성 토르비오의 십자가 앞은 걸어가던 발걸음을 멈추게 했고, 사소한 축복들은 높은 십자가가 되어 나를 지켜주고 있는 듯했다. 철제로 만들어진 다리는 놀이기구를 타듯 돌고 돌아 건너 뚜에르또 강을 지나 곧 만나는 아스토르가 마을은 높은 성곽 같은 분위기를 연출했다. 소수 인원이 들어갈 수 있는 룸과 야외 테라스까지 겸비한 커다란 주방으로 된 알베르게는 한낮의 햇살이 환하게 맞이해 주었다.

 아스토르가는 시나고가 공원, 로마 박물관, 마요르 광장, 초콜릿 박물관, 산타마리아 대성당, 대성당 박물관, 주교궁(가우디 건축)으로 유명한 곳으로, 다양한 양식의 예술적 유산과 풍부한 역사가 살아있었다. 특히 산타마리아 대성당은 아스토르가에서 가장 중요한 건축물로서, 로마네스크와 고딕, 바로크 양식이 혼합되어 있었다. 성당의 제단부엔 고딕 양식, 파사드는 바로크, 위엄의 성모상과 스테인드글라스와 주제단화가 돋보였다. 성당 내부의 아름다운 위엄의 성모상은 스페인 로마네스크 양식에서 가장 아름다운 성모상이라고도 한다.

 또한 주교궁은 안토니오 가우디가 설계한 환상적인 현대 건축물로서, 원래 주교의 거처로 건축되었으나 오늘날엔 까미노 박물관으로 사용되고 있다.

예술적인 유산이 풍부한 마을에 비해 순례자들은 많지 않았다. 팀
원들과 성당과 주교궁을 관람하며 광장에 모여 앉아 한가하고 여유
있는 오후를 즐기기에 딱 좋았다.

베르시아노스 델 레알 까미노 알베르게에서 옷을 빌려 있고 함께
춤을 추었던 동생들(삼총사)에게 에스프레소 커피 한턱을 내기로 했
다. Bar에서 일곱 잔의 에스프레소를 주문 후 기다리는데, 소주잔만

한 컵에 개미 눈물만큼이나 나오는 첫 잔, 두 번째 잔, 세 번째 잔을
받으면서 실례를 무릅쓰고 입을 열었다.

"익스큐즈미! 커피 풀, 가득, 무초, 이빠이, 더 모어, 많이, 플리스!"

"오케이, 오케이!"

"죄송하지만 커피를 조금 더 많이 담아 줄 수 있나요?"라는 말을 못
해 나머지 잔이 다 나오기 전에 말해야겠다는 급한 마음에 그냥 머
릿속에 떠오르는 단어가 다 나왔다. 주인장은 흔쾌히 웃으며 먼저
나왔던 커피를 싱크대에 버리고 일곱 잔을 에스프레소 잔에 가득 채
워 주시며 "좋아 좋아?" 한국말로 물어보시기까지 했다.

에스프레소 양은 Bar마다 조금씩 달라 먼저 나온 양은 잔의 삼분
의 일 정도로, 한 모금 적실 정도였다. 마침 커피 서빙을 도와주러 들
어 온 경이는 이 광경에 박장대소를 하고, 광장에서 커피를 기다리

고 있는 언니와 형부, 삼총사 동생들과 제주도에서 온 동생은 배꼽을 잡으며 광장을 웃음바다로 만들었다. 이렇게 나의 6개 국어에 대한 순발력과 칭찬에 멋쩍었던 순간을 모면할 수 있었다.

행복한 오후를 이어가듯 동생들이 저녁 식사로 삼겹살 준비를 해주었고, 간만에 우리들만의 파티가 열린 아스토르가의 밤이 깊어 갔다.

따듯하고 친절한 폰세바돈 알베르게 주인

아스토르가의 아침은 높은 지형 때문인지 초겨울 날씨만큼이나 추웠다. 알베르게 앞에서 출발 인증 사진을 찍고 주교궁 방향으로 향했다. 전날의 눈부신 주교궁의 모습은 아주 경건하고 단아하게 순례자들과 작별했다.

아직 달이 저물지 않은 하늘과 붉게 터져 나오는 일출은 언제나 반갑고 고마웠다. 유독 오늘, 새해 첫날 일출을 맞이한 듯 가슴이 벅차고 감격스러운 건 나뿐만이 아니었다. 활활 타오르는 태양을 향해 순례자들은 일제히 가던 길을 멈추고 한참을 서서 각자의 방식대로 사진을 찍으며 자기만의 교감을 나눴다. 나도 그 옆에서 몇 컷의 사진을 담고 오늘도 잘 걸을 수 있게 해 달라고 기도했다.

문득 어린 시절 길을 걷다 국기 하강식으로 '국기에 대한 맹세'란 연주곡과 멘트가 흘러나오면 바로 그 자리에 멈춰 서서 국기를 향해 가슴에 손을 얹고 예를 갖추던 때가 떠올랐다.

영화 「국제시장」에서 부부싸움 중에 국기 하강식이 거행되자 싸움을 멈추고 국기에 대한 예를 갖추는 장면은 시대적 배경을 보여주는 장면이었다. 나라를 잃어봤던 그 시대 사람들의 조국에 대한 충성심과 태극기에 대한 애정 등이 복합적으로 작용한 제도로 생각되지만, 강요된 애국심이지 않을까 싶었다.

이 길에서만큼은 내가 주인이고 나의 주체성을 존중할 수 있어 너무도 감사하다. 더구나 걷고 멈추고 다시 걷는 단조로운 루틴이 반복되는 일상은 가장 큰 선물이었다.

메세타 길에 길들여진 발의 속도는 발전기가 고장이라도 났을 정도로 더디고 무거웠다. 숲으로 산으로 가파른 오르막길을 오르고 올라가는 길은 자갈도 아니고 깨진 돌조각들이 발바닥을 더욱 자극했다. 철의 십자가로 유명한 이라고산 정상 아랫마을 폰세바돈까지의 이동은 길고도 험했다. 먼저 도착한 마라톤 오라버님은 벌써 도착해 짐을 풀고 마을 입구 식당을 찾고 있었다.

"고생했소. 저기로 돌아가면 우리 알베르게요."

구수한 전라도 말씨에 고맙다는 인사도 드릴 기력이 없어 고개만 끄덕이며 마을 언덕을 올라갔다. 마을이라기보다는 작고, 산장이라고 하기엔 큰 마을, 폰세바돈은 곧 눈이라도 한바탕 올 기세로 바람이 거세게 불었다. 몇 가구 되지 않은 마을에서 알베르게를 안내하는 구글 맵은 돌고 돌고 주변만 계속 맴돌게 했다. 어쩔 수 없이 인솔자에게 전화를 걸었다. 넓은 마당과 내가 걸어온 길이 훤히 내다보이는 아담한 거실과 통창이 맞이했다. 주인장과 인솔자와 팀원들은 다이닝 테이블에 둘러앉아 차와 디저트 등을 마시며 환영의 박수로 맞이해 주었다.

"항상 에너지가 넘치는 동생분이 오늘은 어째 지쳐 보이네요."

항상 칭찬을 아끼지 않으며 말씨도 고운 팀원 중 한 언니가 옆자리를 비워주었다. 알베르게 주인장은 따뜻한 허브차와 하몽을 곁들인 바게트 빵을 큰 접시째 내 앞으로 놓았다. 하얀 앞치마와 두건을 쓰신 곱디고운 표정과 상냥한 말투는 영화 「사운드 오브 뮤직」에 나오는 마리아 선생님을 떠오르게 했다.

가끔 간단한 차 종류를 주방에 비치해 놓은 경우는 있었지만, 오늘처럼 이렇게 직접 차를 내려주시고 간단한 샌드위치까지 제공하며 맞이한 곳은 처음이었다. 유독 힘들고 지친 오늘의 까미노를 알기라도 하듯 주인장의 배려에 고맙다는 인사 대신 목이 메었다.

"아니, 동생분이 어째 약한 모습을 보일까? 혹시 언니랑 싸운 거 아니야?"

옆에 언니는 분위기 전환이라도 하듯 툭 말을 던졌다. 어릴 적 우리 집은 끼니 걱정을 할 정도로 가난했다. 그래서 난 어려서부터 춥고 배고픈 설움이 어떤 건지를 겪으며 살아왔다.

그럼에도 아버지는 "콩 한 쪽만 있어도 서로 나눠 먹어라"며 늘 이웃과 함께하라는 훈육을 하셨다. 그럴 때마다 우리 먹을 것도 없는데, 누구랑 나눠 먹으라는 건가 싶은 반발심이 생겼지만, 어른이 되면서 아버지의 훈육은 고스란히 나의 삶에 스며들어 있었다.

음식을 만들어 나눠 먹거나, 집으로 사람을 초대하는 것을 좋아하고, 사람과 사람을 연계하고 소통하며 활동하는 것을 좋아하게 되었다. 그러나 세상이 너무도 계산적으로 변하면서 나의 호의나 순수함을 잘못 받아들일 때의 상처는 쉽게 지워지지 않았다.

하루하루 걷는 순례자들에게 따뜻한 차로 몸을 녹여주고 갓 구운 빵과 구수한 하몽을 내주시는 호의는 육신의 배고픔뿐만 아니라 굶주린 영혼까지 채워 주었다.

까미노의 조용한 마을, 바람이 지켜주는 마을 폰세바돈 저녁은 빽빽한 별빛 하늘이 이불이 되어 주었다.

2023. 5. 19. 오전 9:21:39
8A Lugar Pedredo
Pedredo
Castilla y León
고도:1060.7m
#산티아고 순례길

십자가를 등에 지다

해발 1,300m의 폰세바돈 마을에서 약 2km 정도 흙길을 따라 올라가면, 산티아고 순례길의 상징이라 할 수 있는 철의 십자가가 돌무더기 위에 우뚝 세워져 있다. 1,505m로 가장 높은 곳에 설치된 철의 십자가는 11세기경에 세워졌다고 한다. 십여 미터 높이의 나무 기둥 끝에 세워진 철의 십자가는 하늘을 찌르듯이 뾰족하고 경건했다. 철의 십자가는 옛날 가우셀모 수도원장이 이곳에 첫 번째 십자가를 세우고 중세의 순례자들이 이곳에 경배하면서 고향에서 가져온 돌을 봉헌했다 하여 현대의 순례자들도 고향에서 가져온 돌뿐만 아니라 물건이나 사진, 쪽지, 기념물 등 자신의 소중한 물건들을 내려놓으며 소원을 비는 관습이 이어지고 있었다.

예수님이 십자가를 짊어지고 골고다 언덕을 올라야 했듯이, 어쩌면 이곳에 내려놓은 것이 자신들의 십자가일 수도 있고, 마음의 짐일 수도 있고, 그리움이나 간절함일지도 모른다는 생각이 드니 가슴이 먹먹해졌다.

나도 가족의 건강을 염원하는 메시지를 담은 돌 한 개를 조용히 내려놓았다. 돌 한 개의 무게만큼이나 등에 짊어진 배낭의 무게도 내

려갔다. 소망과 사랑, 희망을 담고 미움과 용서를 모두 놓고 가고 싶었다. 욕심과 조급함, 두려움의 포로가 되어 염려와 걱정을 하다 주어진 시간과 기회를 저버리게 되는 어리석은 삶이 반복되지 않기를 바라며 십자가 앞에서 두 손 모았다.

조금은 이기적인 사람으로 살고 싶어졌다. 나를 먼저 돌볼 줄 아는 사람만이 남은 에너지로 세상을 이롭게 할 수 있다는 것을 알았기 때문이다. 내 상황이 좋지 않을 땐 선뜻 친구의 행복을 축하해 주지 못하고 질투와 시기하는 못난 마음까지 들기도 했다. 내가 행복한 뒤에 남의 행복을 바랄 수 있었고, 내게 불행이 없어야 비로소 타인의 불행을 위로해 줄 수 있다는 것도 알게 되었다. 이런 상황이 결코 이기적인 것이 아니라 자연스러운 것이다라고 위로받고 싶었다.

철 십자가가 세워진 '이라고' 산에서 푼토봉까지는 오르막길이 이어졌다. 완만한 오르막길에서 만나는 한 폭의 수채화 같은 하늘과 수십 마리의 황소들과 주변을 가득 채운 꽃들의 풍경은 조금 전 철의 십자가를 등에 진 먹먹함으로부터 자유롭게 하였다. 순례자들의 표정과 걸음은 그 어느 때보다도 평화롭고 여유로웠다.

반가운 얼굴들과 처음 보는 얼굴들도 마주쳤다. 레온 이후 매일 길에서 만나는 키가 크고 몸집이 큰 두 분의 외국인 남자 순례자는 여전히 나란히 걷고 있었다. 한 번쯤은 따로 걸을 만도 할 까미노에서 만날 때마다 늘 나란히 걷는 모습이 오늘따라 더 다정해 보였다. 60세는 훨씬 넘어 보이는 그들은 비박이라도 할 듯한 큰 배낭을 메고 걸었다.

2023. 5. 20. 오후 3:52:32
n9 Calle Reloj
Ponferrada
Castilla y León
고도:597.4m
#폼페라다 #산티아고 순례길

"올라! 부엔 까미노!"

반갑게 먼저 인사를 건넸다.

덥수룩한 수염 사이로 하얀 이를 활짝 드러낸 두 남자는

"올라! 유알어 사우스코리안?"

"예스, 사우스코리언."

두 분은 나에게 엄지척을 보내시며 앞서 걸으셨다. 두 분의 뒷모습이 너무 아름다워 부럽기까지 했다.

나에게도 여러 모임이 있고 주변에 사람들이 참 많다고들 하는데, 모임과 사람이 많다는 것과 친구의 의미는 다른 것 같았다. 나이가 조금 더 들었을 때 저 두 분처럼 까미노에 친구와 나란히 걸어보는 꿈을 꾸는 동안 마을과 마을을 지나고 있었다. 산언덕에서 예쁜 마을이 내려다보였다. 우리나라 국기와 여러 나라의 국기를 게양해 놓은 마을, 아름다운 중세 다리를 지나 교각 아래에서 발을 담그며 광장에서 잠시 쉬었다.

지겹도록 끝나지 않을 것 같은 급한 내리막길은 몰리나세까에서 끝이 나고, 8km 정도 더 걸어 폰페라다Ponferrada 마을을 만났다.

폰페라다는 템플 기사단이 자리 잡은 도시로서 비에르소 지방의 경제적 수도이며 산업도시였다. 11세기 아스토르가의 주교가 순례자들이 실 강과 보에사 강을 안전하게 건널 수 있도록 다리를 건설하면서부터 발전한 나라로, 페르난도 2세는 순례자들의 안전을 지키기 위해서 이 도시를 템플 기사단에

게 맡겼다고 한다. 즉 산티아고로 가는 순례자들을 보호하고 돌보는 역할로 템플 기사단의 성벽이 세워졌다고 한다.

- [출처: 대한민국 산티아고 순례자협회]

폰페라다의 16세기에 만들어진 비에르소의 수호성인인 엔시나의 성모상이 있는 엔시나 바실리카 성모 성당Basilica de Nuestra Senora de la Encina은 템플 기사단원 명령으로 대들보로 사용할 커다란 나무를 베기 위하여 숲속으로 들어간 나무꾼들이 나무를 자르던 중 커다란 떡갈 구멍에 성모상이 있는 것을 발견하게 되어 성모상을 위해 성전을 지었고, 엔시나의 성모를 이 지역의 수호신으로 모시게 되었다는 전

2023. 5. 20. 오후 3:17:15
137 Avenida el Castillo
Ponferrada
Castilla y León
고도:584.5m
#산티아고 순례길

설이 담겨 있다.

성당 입구에 템플 기사단이 떡갈나무에서 발견한 아기 예수를 안고 있는 성모상을 들고 있는 형상과 성당 안의 화려한 성모상과 성스러운 매장의 제단으로 십자가 위에 누워 있는 예수님의 모습인 듯한 형상은 이 성당의 역사와 예술성, 그리고 신앙심을 보여주는 것 같았다.

아직 신앙인이라 할 수도 없는 나, 가톨릭 신자라고도, 개신교 신자라고도 할 수 없지만, 동정녀 마리아를 통해 아기 예수를 보내셨던 하느님을 외면할 수 없었다. 때로는 설명할 수 없는 삶의 기적들이 우리 일상에도 일어날 수 있다는 것을 부정할 수 없는 축복들이 내게도 있었다.

철의 십자가를 등에 지고 높은 산등성이를 굽이굽이 넘어오는 내내 나의 벅찬 가슴은 더 가까이 그의 곁으로 다가가고 있었다.

체리 마을길 따라가는 비야프랑카

몸이 기억하는 알람 시간은 여지없이 정확한 새벽 4시를 조금 넘고 있었다. 이층 침대 난간을 오르내리는데, 이쯤이면 익숙할 만도 하건만 아직도 부들부들 떨고 있다. 어린 시절 철봉에 한 발을 걸고 빙글빙글 돌거나 체육 시간 뜀틀을 참 좋아했었는데, 어느 날 철봉에서 떨어지고 뜀틀을 하다가 손목을 크게 다친 적이 있었다. 그 이후 뜀틀뿐 아니라 철봉 묘기를 부리는 모습은 상상조차 할 수 없었다. 누군가 빨리 일어나 움직여 주기를 기다리며 괄약근에 온 힘을 다해 생리현상을 참아 보았지만, 어쩔 수 없이 난간에 발을 딛기 시작했다.

아래 칸 침대에서 자고 있던 청주 오라버님도 벌써 눈을 떴다면서 일어나 앉았다. 팀원들끼리만 묵은 알베르게 룸의 불이 커지면서 다 같이 끙끙 앓는 소리로 아침 인사를 대신했다. 몇 달 전 뇌수술을 받고 온 나와 동갑내기 영순 씨가 며칠 전부터 많이 힘들어 보였다.

"영순 씨, 괜찮겠어요?"

60대 후반으로 보이는 그녀의 남편은 영순 씨 옷매무새를 챙기며 몇 번이고 영순 씨의 건강을 걱정했다. 론세스바예스에서 처음 만났

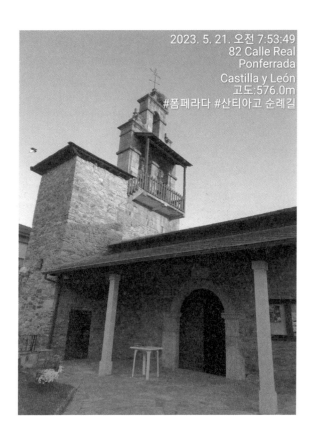

2023. 5. 21. 오전 7:53:49
82 Calle Real
Ponferrada
Castilla y León
고도:576.0m
#폼페라다 #산티아고 순례길

을 때 영순 씨가 잠을 자면서도 두건을 쓰고 있는 이유를 먼저 말씀
해 주었다. 그리고 영순 씨가 크게 아픈 이후로 이름을 불러주고 있
다고 했다.

"영순 씨! 영순 씨!"

영순 씨의 이름을 다시는 못 부를 수도 있다는 절박함으로 시도 때
도 없이 아내의 이름을 부르기도 한다고 했다.

2023. 5. 21. 오전 11:50:55
5 Calle Santiago
Villafranca del Bierzo
Castilla y León
고도:589.6m
#폰페라다 #산티아고 순례길

"때로는 좀 이상하다 할 정도로 제가 영순 씨, 영순 씨 할 때가 많을 거예요."

영순 씨 남편은 살뜰히 영순 씨를 챙기며 알베르게를 나섰다.

우리의 모든 인생이 마냥 찬란하고 좋을 수만은 없다. 하지만 어쩌다 무너지는 삶 속에서 긍정을 찾고, 그러다 또 쓰러지는 날엔 희망을 찾고, 인생이란 녹록지 않다는 것을 스스로 인정하고 받아들일 때 비로소 자유로워질 수 있었다. 마찬가지로 영순 씨의 강한 의지는 내 인생의 또 다른 빛으로 다가왔다.

폰페라다 구시가지와 외곽을 지나는 동안 예쁜 공원과 학교, 수도원 등의 고즈넉한 분위기는 언니와 나의 느긋한 발걸음을 붙들어 주었다.

비야프랑카 델 비에르소Villafranca Del Bierzo까지 25.4km는 마을과 포도밭이 이어져 한적한 풍경을 즐길 수 있는 구간으로 마음의 여유를 더했다.

아침 8시 무렵 푸엔테스 누에바스 성 그리스도 성당 앞을 지날 무렵 수녀님은 우리를 향해 손짓하며 성당 문을 열고 있었다. 폰페라다에서 처음으로 순례자 미사에 참여한 언니는 조금씩 언니만의 방식을 찾아가고 있었다. 나 또한 점점 하느님과 가까워져 있었고, 기쁨과 설렘이 있었다. 주일 미사가 있는 날로, 문 열자마자 준비하느라 분주한 가운데에서도 순례자들을 위해 따뜻한 차와 쿠키를 성당 입구 한쪽 테이블에 가져다 놓았다.

'하느님, 좋은 날씨와 안전을 지켜주셔서 감사합니다. 영순 씨가 잘 이겨내며 건강하게 걸을 수 있도록 인도하소서.'

기도를 마친 언니와 기부금도 내고, 오늘의 첫 쎄요도 받았다. 형부는 어느새 뒷모습도 보이지 않았다.

키 작은 포도나무들의 끝없는 풍경과 집집마다 담장 너머로 열린 붉은 체리들이 자꾸만 눈길을 끌었다. 제주도에 집집마다 담장 너머로 노란 귤이 주렁주렁 열려 있듯이 이 마을의 사람들은 누구나 마당에 체리 한 그루 이상은 키우고 있어 보였다. 어젠 어느 마을 대문 앞에서 마당에서 딴 체리를 바구니에 담아 판매하기도 했다.

마트에서도 작은 바구니 가득 1유로, 2유로로 판매하는 체리는 탱

2023. 5. 21. 오후 2:31:43
9 Plaza Prim
Villafranca del Bierzo
Castilla y León
고도:576.8m
#비야브랑카 #산티아고 순례길

글탱글 하니 탱자만 한 크기였다. 그러나 생과일 알레르기가 있는 내겐 그림의 떡으로, 침만 꿀꺽 삼킬 뿐이었다. 며칠 전 한 개쯤은 괜찮겠지 싶어 먹었다가 목이 붓고 따가워 바로 약을 먹을 정도로 알레르기에 대한 몸의 반응은 너무 민감했다.

교차점이 있는 지방도로에서 피에로스 지역인 아스팔트 길로 갈 때, 감나무만큼이나 큰 체리나무에 짙은 붉은 색깔을 띤 탱글탱글한 체리의 유혹을 뿌리칠 수 없었다. 바로 옆 포도밭에 계시는 노부부에게 손짓으로 체리 한 줌 따먹을 수 있냐고 여쭈었다. 그분들은 나의 몸짓과 손짓을 금방 알아차리고 허락해 주셨다. 배낭 안의 알레르기 약을 꺼내 놓고 체리 한 알을 따서 입에 넣었다. 지금까지 먹어본 체리 중 가장 맛있고 고운 때깔이었다.

"어때? 목 괜찮어?"

한 알을 먹고 또 먹고 또 먹었다.

"응, 괜찮아. 약 안 먹어도 될 것 같아. 과일을 먹고 싶은 나의 간절함을 하느님이 아셨나 봐."

약 2km의 작은 마을을 지나는 동안, 양 길가와 담장 너머의 붉은 체리는 언니와 나의 발걸음을 느리게 했다.

어릴 적 마을과 동떨어진 깊은 산속 제각에 사는 우리는 마을 큰길이 아닌 산길과 오솔길을 통한 등하굣길에 산딸기, 머루, 나도감 (주인 없는 아주 작은 감)을 따 먹었고, 봄이면 양파 작업을 마친 뒤 이삭 양파를, 가을이면 고구마와 무 작업이 끝난 밭에서 이삭을 주워 먹곤 했는데, 그에 대한 기억 때문인지 언니와 나의 걸음이 자꾸

만 느려졌다. 그 시절엔 그게 유일한 간식이었고, 등하굣길 땡땡이 중의 하나였다.

"언니, 조금만 더 쉬었다 가자."

"그래, 체리로 배를 채우는 이 길을 절대 잊지 못하겠구나."

저 멀리 언덕 너머 비야프랑카 델 비에르소가 보이기 시작했다. 「스페인 하숙」이라는 예능 프로그램을 촬영했던 장소로 유명한 지역이기도 했다.

13세기에 지어진 산티아고 성당Iglesia de Santiago은 로마네스크에서 고딕으로 가는 초기의 양식으로 십자가상과 성년에만 열리는 용서의 문이 보존되어 있었고, 오래된 수도원 터에 남아 있는 산 프란시스코 성당Iglesia de San Francisco은 13세기 로마네스크 양식 현관이 남아 있었다. 또한 마르께스 후작의 궁전Castillo Palacio de los Marqueses은 저택의 모퉁이에 탑을 세워 궁전의 위용을 나타내주고 있었으며, 르네상스 양식인 아눈시아다 수도원Convento de la Anunciada 등이 유명했다.

각자의 방식과 페이스대로 길을 걷는 순례자들의 뒷모습은 오늘따라 더 단단해 보였고, 그 단단함은 나와 나의 뒤를 걷는 순례자들을 이어주는 까미노의 노란 화살표와도 같았다.

길 위에 선 지 24일째, 낯선 사람들보다 익숙한 사람들이 더 많은 듯한 편안함은 내가 안고 왔던 분노, 불안, 두려움이 점점 희석되어 가고 있기 때문일지도 모른다.

오 세브레이로 스물아홉 번째 줄을 세운 배낭

어둠이 가시지 않은 새벽 5시, 갈리시아 지방으로 진입하는 오 세브레이로O Cebreiro까지 27.7km 걷는 구간으로, 마지막 힘든 코스라며 며칠 전부터 걱정과 잔뜩 겁을 준 인솔자의 뒤를 따랐다. 오 세브레이로는 작은 몇 개의 호스텔과 공립 알베르게가 유일하며, 우린 그 공립 알베르게에 선착순으로 들어가야 했다.

인솔자는 찻길과 새벽길의 위험성을 고려해, 한 시간 반에서 두 시간 정도 함께 걷다 밝아지기 시작하며 자율 도보를 권유했다. 어둠이 내려앉은 작은 마을을 지나는 19명의 팀원은 따그닥따그닥 발소리에 맞춰 행군하듯 걸어야 해서 팀원들 사이에서 불만이 터져 나오기도 했다.

국도 옆을 걷는 다소 완만한 오르막(19km)과 마지막 구간 에레리아스Herrerias에서 오 세브레이로까지 가파른 경사 오르막길의 부담이 컸던 이들은 개인적으로 더 이른 시간에 출발을 원했다. 그러나 다른 구간과 달리 위험도가 높은 구간인 만큼, 안전을 최우선으로 하는 책임감 있는 인솔자에게 감사할 수밖에 없었다.

빠른 속도의 단체 걸음을 쫓아가기엔 벅찬 사람들 가운데 나 역시

화장실도 들르지 않고 Bar도 건너뛰고 발의 엑셀을 더 세게 밟았다. 혹여나 늦게 도착해서 공립 알베르게에 묵을 수 없는 참사는 생각만 해도 끔찍했다.

19km를 지나 작은 마을 하나를 지나니 산행길로 접어들었다. 라스 에레리아스부터 오르막길을 오르면 오를수록 가파른 산길과 마주했으며, 울퉁불퉁한 돌길과 듬성듬성 말똥은 더 힘들게 했다. 간혹 말을 타고 산을 오르는 순례자들이 눈에 띄었다. 사전에 예약을 통해 이루어진다고 했다. 추억이기도 하고 힘든 구간의 이동 수단이기도

하겠지만, 누군가에게는 동물 학대로 보이기도 했다. 한 사람씩 내 앞을 앞서가기 시작했고 거친 숨소리는 점점 더 빨라지기 시작했다.

"릴랙스! 릴랙스!"

외국인 순례자 한 분이 나의 곁에서 함께 호흡을 맞췄다. 그리고 그는 나에게 물을 내주고 손을 잡아 주었다. 국내에서 나름 산을 탄다는 나는 10kg 가까이 되는 배낭 무게와 빨리 가야 한다는 강박감이 온몸의 무게를 더 실었던 것 같았다.

배낭 동키 서비스를 하지 않은 것에 대한 후회는 이미 늦었다. 언덕을 다 넘었다 싶으면 또 언덕이 기다리고 있었고, 몇 개의 언덕을 넘어 만난 라구라데 카스티야 마을 입구 Bar 앞에서 오렌지 주스를 양손에 들고 나를 기다리는 란이 언니의 배려에 그만 울컥하고 말았다. 한 사람씩 팀원들을 앞서 보내고 언제 올지 모르는 나를 기다리고 있었던 란이 언니의 마음은 바다보다 더 깊고 하늘보다 더 넓어 보였다.

"어여, 천천히 마셔! 힘들었지? 장하다 장해. 너보다 더 큰 배낭을 메고 올라오기 쉽지 않았을 텐데, 얼마나 힘들어?"

오렌지 주스에 코를 빠뜨린 채 꿀꺽꿀꺽 마실 뿐이었다.

"이제, 다 온 것 같아. 이제부턴 완만한 길로 너에겐 식은 죽 먹기다."

드디어 갈리시아주 경계석에 이르렀다. 삼총사 친구들과 몇몇 팀원들도 만났다. 언덕길에 유난히 취약한 내가 신기한 듯 그들은 나

에게 박수를 보냈다. 관목지 사이로 걷다 보니 고도가 높아질수록 더욱 선명하고 아름다운 경치가 드러났다. 오르막길이 끝나는 지점에서 돌담을 따라가자 드디어 오 세브레이로(1,330m)에 도착했다.

100여 명이 입실 가능한 공립 알베르게 앞, 줄지어진 배낭 줄에 맞추어 내 배낭을 내려놓았다. 스물아홉 번째 줄을 선 나의 검은 배낭은 주인님을 힘들게 해서 미안하다는 듯 빤히 쳐다보고 있었다. 가슴이 울컥하고 눈물이 핑 돌았다.

일일이 여권을 체크하고 크리덴셜에 도장을 찍으며 침대 배정이 되었고, 100여 명이 들어가는 1층은 벙커 침대, 2층은 노약자 보호로 단층 침대로 되어 있었으며, 우리 언니도 2층으로 보내 주는 것을 보니 우리 나이로 60세부터이지 않나 싶었다. 침대와 침대 사이 공간은 너무도 협소했고, 우리보다 체격이 훨씬 큰 외국 순례자 중 일부는 훌라당 겉옷을 환복하는 것은 예사였고, 속옷 차림으로 돌아다니며 시끄럽게 했다. 그동안 우리가 얼마나 고급스런 숙박을 했는지 알 것 같았다. 일부 순례자들은 동양인에 대한 차별적 태도를 보여 서로 언성을 높이기도 했고, 불쾌감이 오가기도 했다.

갈리시아 지방에서 처음으로 만나는 오 세브레이로는 9세기에 만들어진 산타마리아 왕립 성당이 있는 곳이다. 가장 오래된 성당 중 하나이며 그리스도 기적이 일어난 성반과 성배가 전시되어 있는 곳으로 알려져 있다. 또한 파요사라 하는 초가집 박물관과 순례길의 표시인 노란 화살표를 고안한 교구사제 돈 알리아스 발리냐 삼페드로의 흉상이 있는 곳이기도 했다.

생장에서 첫날 피레네산을 넘을 때보다도 그 몇 배로 힘들었던 길, 그 어느 때보다도 외로웠던 길에서 서슴지 않고 물을 내주고 지팡이가 되어 준 외국인 순례자 덕분에 버틸 수 있었고, 언덕 넘어 뙤약볕에 주스를 들고 서 있던 란이 언니의 마음은 온 우주를 품게 했다.

산티아고 데 콤포스텔라로 향하는 순례자에게 마지막 고통과 환희를 한꺼번에 선사하는 루트가 되었던 길은 레온과 갈리시아의 환상적인 풍경을 까미노의 가장 높은 곳에서 내려다보는 최고의 선물이 되었다.

포이오봉의 기적

1,330m의 고도에 위치한 오 세브레이로 공립 알베르게는 밤새 바람이 불고, 창틈으로 들어오는 찬바람은 몸을 웅크리게 했다. 더구나 많은 순례자가 모인 알베르게는 누군가의 목소리가 밤새 이어지기도 했다. 설 잠에 몸은 춥고 배도 고팠다. 이층에서 자고 일어난 언니와는 대조적인 분위기였던 것 같았다.

전날의 오르막길을 오르며 힘을 소진한 후 피로가 회복되지 않은 난 온몸이 오싹오싹 한기가 들었다. 바람막이 잠바에 두꺼운 패딩을 겹쳐 입고 모자를 눌러썼다. 현관을 나서는 순례자들의 낮은 감탄사가 들려오기 시작했고, 나의 눈은 당연히 산 아래 풍경을 향했다. 어제의 풍경 좋은 마을과 산새들이 운해로 하얗게 덮여 있었다. 마치 비행기를 타고 높은 고도 구름 속에 묻힌 풍경처럼 어제 내가 본 풍경이 믿기지 않을 정도로 산 밑은 운해로 가득했다.

조금씩 하늘이 붉게 물들기 시작했다. 공립 알베르게 옆으로 난 흙길 산기슭에서 떠오르는 태양을 기다리며 마주했다. 제주도에서 온 동생이 옆에 나란히 섰다.

"누님, 매일 아침 마주하는 태양이 오늘은 감회가 더 새롭네요."

"속은 괜찮으신가?"

그는 산티아고 데 콤포스텔라 성당 입성을 일주일 코앞에 두고 자기만의 방식으로 남은 길을 걷고 싶어 했다. 그리고 전날 늦은 시간까지 혼자 Bar에서 취해 있는 모습을 보았다.

"허허"

머리를 긁적거리며 발걸음을 재촉하기 시작했다.

"놀멍쉬멍 갑세다."

흙길을 따라 산기슭을 넘는 지방 도로는 짙은 안개가 깔려 있었다. 앞서가는 순례자들의 발소리만 들릴 뿐 온 세상이 평온했다. 리나레스 마을이 나오고 산 로케 고개에서 만나는 순례자 기념물, 산티아고 데 콤포스텔라 성낭을 향한 마지막 질주의 모습은 곧 나의 모습이기도 했다.

간밤의 추위에 떨고 선잠 탓인지 몸은 점점 처지기 시작했다.

'따뜻한 바닥에 오 분만 누워 봤으면….'

허한 속은 따뜻한 에스프레소 한 잔을 간절히 원하고 있었다. 기운은 달리지만 빨리 Bar에 도착하겠다는 일념으로 속도를 내기 시작했다. 길가의 작은 상점으로 보이는 작은 문을 통해 앞서가는 팀원들이 들어갔다. 처음엔 상점인가 했는데, 토스트와 간단한 음료를 파는 곳이기도 했다.

'아이구, 다행이다. 하느님 감사합니다.'

어둡고 좁은 공간을 비집고 들어간 지하 같은 공간서 풍겨오는 에스프레소 향과 토스트 굽는 냄새는 온몸에 전율을 느끼게 했다.

"어어어? 어어어?"

"왜!? 왜 그러는데?"

바로 앞에서 삼총사 친구들의 웅성거리는 소리는 다급하게 들렸다.

삼총사 중 총무 역할을 하는 명이가 음료 계산을 하려다 여권이 들어있는 전대를 분실한 것을 알아차렸다. 얼굴이 창백해진 명이와 그의 친구들은 애써 침착하려는 모습으로 기억을 더듬기 시작했다. 돈은 분리해서 보관하고 사용하였기에 별문제가 없었는데, 전날 오 세브레이로 공립 알베르게에서 원본 여권 제시로 전대에 여권이 들어있었던 것이다.

어디서 분실했는지 전혀 기억을 못하는 명이와 그의 친구들을 진정시키며 찾을 수 있을 것이라는 공허한 위로뿐 발만 동동거리게 했

2023. 5. 23. 오전 8:08:32
LU-633
Piedrafita del Cebrero
Lugo
Galicia
고도:1325.5m
#산티아고 순례길

다. 나라도 정신 차리자 싶어 아침 기상했을 때의 시간으로 기억을 되돌렸다. 산 밑의 운해를 바라보며 사진을 같이 찍을 때도 팔에 걸치고 있었다. 배낭 동키 서비스를 이용하는 명이는 그때만 해도 손에 쥐고 있었다고 했다. 그 이후 기억이 전혀 없다고 했다. 산 로케 고개에서 순례자 흉상에서 사진을 함께 찍었을 때 분명 전대는 손에 없었다.

"찾을 수 있을 거야."

먼저 인솔자에게 연락하여 오 세브레이로 공립 알베르게와 주변 상가 주인장, 그리고 동키 서비스 담당에게 문의해 보기로 했다. 그리고 그들 삼총사는 왔던 길을 되돌아갔다.

지금까지 팀원들 간에 아무런 사고 없이 잘 지내왔다. 특히 알베르계뿐만 아니라 마을, 도시 등에서 개인 소지품 주의 사항에 대해선 너무도 잘 알고 알기에 대부분이 전대를 했다. 삼총사들과 함께 춤을 추고 밥을 먹고 웃고 떠들던 길 위의 친구이자 언니인 난 혼자 편하게 커피와 토스트를 먹을 수가 없었다. 놀란 가슴을 부여잡고 찾을 수 있다는 믿음과 희망으로 길을 걷기 시작했다.

식은땀이 흐르기 시작했고, 손은 점점 떨리고 다리의 힘은 점점 빠지기 시작했다. 당뇨약을 복용하는 난 언젠가처럼 저혈당 증세에 가슴이 덜컹했다. 배낭에서 사탕 하나를 꺼내 입에 물었다. 그리고 다음 Bar 거리를 확인하며 천천히 천천히 심호흡에 발을 맞췄다. 등에 짊어진 배낭의 무게는 어느 때보다 몇 배로 버거웠고, 가파른 오르막의 끝에서 포이오봉 고개가 조금씩 보이기 시작했다.

Bar 앞에 길게 줄지어진 순례자들이 눈에 들어왔다. Bar 앞 테이블엔 앉아 있는 인솔자는 누군가와 스페인어로 계속 통화를 이어갔다. 동키 서비스 담당자는 운전 중일 시간대라 문자로 남겨 두었다고 했다.

"선생님 얼굴이 많이 창백하네요. 어디 아프신 건 아니죠?"

"아아… 네네…. 주문하시고 맨 끝 테이블에 꿀이 있어요. 여기 꿀이 참 맛있어요."

순례자들의 줄은 삼십 분을 기다려서야 내 차례가 되었다. 에스프레소 한잔과 또르띠야를 받아 인솔자가 말한 꿀을 두 숟갈 얹었다. 매일 먹어도 질리지 않은 또르띠야에 꿀을 얹은 맛은 달콤하고 매혹적이었다.

그 순간 옆에 있던 팀원 중 한 오라버님이 당신도 한입 먹어보자며 꿀이 있는 한쪽을 듬뿍 뜯어 가 버렸다. 삼십 분을 기다렸던 간식, 꿀 맛을 얹은 또르띠야를 난 겨우 동전 하나만큼 먹었을 뿐인데, 오늘따라 너무도 야속했다. 다시 하나 더 주문하려면 줄을 서야 했기에 꿀이라도 몇 수저 얹어 먹어야지 싶어 먹던 접시를 들고 벌떡 일어나는 순간, 하늘이 돌고 땅이 돌고 균형을 잃은 난 그만 그대로 바닥에 엎드린 채 배 엑스레이를 찍고 말았다.

그 순간 들고 있던 접시를 깨면 안 된다는 강박감과 무릎을 다치면 안 된다는 절박감으로 산에 다니면서 배운 낙법을 이용했다. 팔을 쭉 뻗어 접시를 돌려 날리며 상체를 앞으로 밀었다.

"괜찮으세요? 괜찮으세요?"

"잠깐만요. 아직요. 좀 있다 일으키세요."

내 주변을 둘러싼 순례자들 틈에 나를 일으키려는 사람들과 이를 말리는 인솔자의 목소리가 혼미하게 들리기 시작했다.

"앗! 앗!"

"왜 팔이 못 움직이겠나요?"

팔을 붙잡는 나에게 인솔자의 다급하고 놀란 목소리는 주위 사람들을 더욱 안타깝게 했다.

국내에서부터 오십견으로 아팠던 왼쪽 팔은 쭉 뻗으면서 자극이 세게 간 듯싶었고, 다행히 무릎 타박상 외에는 다친 곳이 없었다. 멋쩍게 일어난 나는 곧 제자리로 돌아가면서 또르띠야 접시 먼저 찾았다. 누군가 퇴식구 쪽으로 가져다 놓은 접시를 다시 찾아 꿀을 듬뿍 얹어 와서 아무 일 없다는 듯이 야금야금 먹을 수밖에 없었던 건, 여기서마저 식사를 거를 수가 없다는 절박함 때문이었다.

저혈당이 있는 상황에서 천천히 일어섰어야 했는데, 급한 나머지 바로 일어섰던 불찰을 아무도 알 리가 없었다. 인솔자는 명이의 여권 분실로 철렁 내려앉은 가슴이 채 가시기도 전에 바로 앞에서 슬로우 머신으로 넘어지는 내 모습을 보면서 당신 눈을 의심하게 됐다며 놀란 가슴을 쓸어내렸다.

인솔자를 먼저 보내고 난 한참을 그곳에서 머물며 마음과 몸을 진정시켰다. 명이의 전대는 배낭 동키 보내는 곳에 떨어져 있어서 동키 아저씨가 잘 챙겼다는 인솔자의 문자가 팀원들의 단톡에 올라왔다.

'하느님 감사합니다.'

없던 힘까지 치솟은 난 천천히 천천히 포이오병의 고개를 넘어 성이 세 개가 있다는 트리아카스텔라Triacastela에 무사히 도착했다. 오던 길을 5km를 되돌아갔던 삼총사는 택시를 이용해 트리아카스텔라에 먼저 와 있었고, 오늘의 사건 사고 이야기에 알베르게는 웃음소리가 멈추지 않았다.

마당에 널어놓은 순례자 빨래들이 거의 다 마를 무렵, 갑자기 쏟아지는 소나기는 놀란 가슴을 쓸어내려 주었다. 비 오는 날의 한국 정서를 꺼내며 삼총사는 오늘의 소동에 감사와 미안함으로 감자 부침개를 부치고 고기를 구워 알베르게에서 작은 파티를 열었다.

길 위 친구들의 성지 사리아

온몸이 쑤시고 뻐근하고 천근만근 무거운 아침을 맞이했다. 포이오 병 고개에서 입은 타박상은 아침이 되니 뭉친 근육과 더불어 허리는 굽고 다리는 절룩절룩 심상치 않았다. 신신파스를 붙이고 붕대로 꽁 꽁 묶어 보았지만, 시퍼렇게 멍든 자국은 손을 대지 못할 정도로 아 팠다. 자면서 끙끙 앓는 소리가 나더라며 동생들과 언니들이 걱정했 다. 눈뜨자마자 인솔자도 찾아와서 괜찮냐며 안부를 물었다. 열아홉 명을 인솔하는 책임감에 부담을 얹어 준 것 같아 미안하기만 했다.

너무도 다행인 건 오십견으로 인해 머리 위로 올라가지 않았던 왼 팔이 만세를 부를 수 있었다. "인생에 부딪히는 고난은 항상 나쁜 것 만은 아니다"라며 힘들 때마다 위로해 주었던 인생 선배 언니 말이 생각났다. 배낭을 둘러멜 때면 눈물이 찔끔했던 팔이 자유자재로 움 직일 수 있는 것이 얼마 만인지 모른다. 팔을 앞으로 쭉 뻗으면서 넘 어졌던 순간 스트레칭이 되었던 것 같았다.

전날 준비한 계란을 삶고 요플레, 우유 등으로 아침을 든든히 챙겨 먹었다. 체력이 점점 떨어지다 보니 어제와 같은 상황이 일어난 듯 싶어 정신이 번쩍 들었다.

트리아카스텔라를 나와서 국도 옆을 걷는 길을 따라 사모스Samos 까지 숲길이 이어졌다. 사리아Sarria까지 가는 구간으로 사모스 길과 산실 길의 갈림길에서 좀 길지만 숲길 걷는 재미와 사모스 수도원을 방문할 목적으로 언니와 사모스 길을 택했다. 그러나 너무 일찍 도착한 사모스 수도원은 한 시간 더 남은 개방 시간을 기다리기엔 바람이 너무 많이 불었다.

산 훌리안과 산타 바실리사 왕립 수도원Real Abadia de los San Julian y Santa Basilisa은 사모스 수도원이라고도 불리기도 했으며, 이 수도원은 중세로부터 현재까지 많은 순례자들에게 수도원의 아름다운 건축과 수사들이 부르는 환상적인 그레고리안 성가를 들을 수 있는 곳으로 알려져 있었다. 또한 수도원에서 만든 전통적인 생산품들을 살 수도 있으며, 팍스Pax라는 소화를 돕는 술과 과자가 수도원의 특산물로 유명하기도 했다.

사모스를 둘러싸고 있는 아름다운 산과 깊은 계곡, 시원한 개울과 짙은 초목 등은 충청북도 제천에 있는 베론성지를 연상케 했다. 가톨릭 신자는 아니지만, 한때 하느님을 믿는 자로서 성인들의 숨은

역사에 관심을 갖고 성지 순례를 다녔었다. 그중 신자들이 박해를 피해 토굴에서 화전과 옹기를 구워 생계를 유지했던 베론성지에 대한 기억과 풍경이 오래오래 남아 있었다. 교회를 떠난 지 이십 년 가까이지만, 어쩌면 난 마음속에 여전히 하느님을 믿는 한 사람이었는지도 모른다. 그리고 까미노에서 그를 가까이서 만나고 있었다. 매일 순례자 미사 참여가 일상이 되었고, 까미노에서 만나는 성당마다 쎄요를 받고 기부를 하고 기도를 드리는 매일이 감사해서 울컥할 때가 한두 번이 아니다.

청주에서 왔다는 남이 언니도 못내 아쉬워했다.

"우리가 너무 빨리 출발한 거야? 걸음이 빠른 걸까?"

몇 번을 망설이다 외관에서 사진만 찍고 우리는 그곳을 떠났다. 금방이라도 비가 올 것 같은 날씨에 발걸음을 재촉했다. 60세가 훨씬 넘은 남이 언니는 40대라 해도 믿을 만큼 곧은 자세와 당당한 발걸음으로 팀원들 모두 놀라게 했다. 무엇보다도 차분한 말씨와 영어 구사까지 아주 능숙해 보였다.

퇴직 후 끊임없는 도전과 또 다른 일을 이어가고 있다는 언니의 말에는 힘이 넘쳐 보였다.

버리고 채우기를 반복하는 까미노에서 남이 언니의 모습은 나의 미래의 희망에 점 하나를 찍어주고 있었다. 배낭을 아기 업듯 다시 끈을 조이고 아랫배에 힘을 주고 스틱을 어깨너비로 쥐고 고개는 똑바로 하고 남이 언니의 뒤를 따라 걷기 시작했다. 도로와 떨어져 공동묘지에서 이어지는 까미노는 오리비오 강변의 오솔길에서 긴 호흡은 곧 이어지는 언덕길과 흙길에 여유로움을 더했고, 순례자의 중심 도시인 사리아로 들어가는 기대감에 부풀어 있었다.

사리아 도시가 시작된 것은 산티아고로 가는 순례길이 강화된 이후부터라고 한다. 12세기 후반에 알폰소 9세가 이 마을을 세웠다고 전해지는데, 알폰소 9세는 산티아고 순례 도중 창궐한 전염병 때문에 사리아에서 사망하였으며, 그의 순례를 기리기 위해서 그의 영묘는 산티아고 데 콤포스텔라의 대성당에 안치되었다고 한다.

- [출처: 대한민국 산티아고 순례자협회]

또한 사리아는 유명한 막달레나 수도원과 사리아 백작의 성곽 유적을 만날 수 있는 지역으로, 풍성한 먹거리와 아름다운 자연환경, 예술품들로 유명한 지역이었다. 여기서부터 산티아고 데 콤포스텔라까지 100km만 걸어도 순례자 증서를 받을 수 있는 요건을 갖춘 도시로, 많은 순례자들이 밀집하는 지역이기도 하다. 그래서 사리아는 호텔과 알베르게도 많은 지역이기도 하다. 저녁 무렵 팀원 중 제주도에서 온 유쾌 발랄한 동생이 구시가지 구경 가자며 내 손을 잡고 나갔다. 그리고 도착한 곳은 사리아역 맞은편에 위치한 로마 호텔 레스토랑이었다. 까미노에서 만난 친구 두 사람과 미리 저녁 약속이 있었던 것 같았다.

로마 호텔 레스토랑은 지하에 위치에 있었고, 고퀄리티 순례자 메

뉴로 유명한 곳으로서 동생도 오늘 길에서 만난 친구들과 이야기를 나누다 약속이 되었다고 한다. 먼저 도착한 두 순례자도 생장 까미노에서 만난 친구로서 서로 의지하며 함께 걷게 되었다며 우정을 과시했다. 지금까지 만나보지 못한 고급스런 인테리어와 전문적으로 보인 셰프들, 그리고 직접 눈앞에서 구워내는 스테이크로 벌써부터 레스토랑 안은 예약된 손님들로 가득 찼다.

자리를 안내받은 우리는 고기 메뉴와 생선요리, 그리고 샐러드를 주문했다. 그런데 샐러드 외 메뉴가 다섯 개가 나오기 시작했다. 주문 확인을 재요청했으나, 막무가내로 밀어붙이는 불친절한 태도는 여기뿐만 아니었기에 그냥 맛있게 먹기로 했다. 대학에서 경제학 강의를 한다는 까미노 친구 한 사람은 영어도 스페인어도 잘해 보였다. 생장을 출발하여 피레네산을 넘은 구사일생 같은 첫날을 이야기하며 강풍과 비바람을 헤치며 넘어 도착한 론세스바예스에서 만난 두 사람의 에피소드도 털어놓기 시작했다. 우리보다 하루 먼저 생장을 출발하여 피레네산을 넘었던 그들은 생생한 동영상으로 그때의 절박했던 상황을 보여주면서 날씨의 변동과 운이 좋은 우리를 마냥 부러워했다.

알베르게를 구하지 못해 마을의 창고 같은 곳에서 침낭 하나로 잠을 잔 적도 있다고 했다. 까미노 친구 은이도 마을 창고 같은 곳에서 잔 적이 있다는 말을 들은 적이 있었다. 개인적으로 사전에 충분한 마을 정보를 파악하지 못한 경우 종종 있을 수 있는 일이기도 했다. 그럼에도 다음에 또 오고 싶다는 우리의 대답은 동일했다. 같은 길을 걸어왔지만, 서로 다른 날씨와 환경을 접하고 있는 까미노의 매력에 푹 빠진 우리들은 늦은 시간까지 함께 했다. 만나고 헤어지는 것에 익숙해진 까미노에서의 인연은 내일을 약속하지 않았다. 서로에게 부엔 까미노를 빌어줄 뿐.

나를 품은 포르토마린

　습도가 높고 후덥지근한 사리아 알베르게의 밤은 밤새 어수선했다. 직사각형의 구조로 된 룸은 두 줄의 침대로 20여 명 이상 수용하는 것 같았다. 게다가 화장실 옆 나의 침대는 순례자들이 화장실을 들락거릴 때마다 부스럭대는 소음과 코를 찌르는 냄새로 괴로웠다. 끈적끈적한 습도는 침대 난간에 걸어 놓은 양말을 더 축축하게 했고, 물먹은 하마처럼 눅눅한 침대는 진흙탕 같았다. 결국 침대에 쪼그리고 앉아 밤을 꼬박 새다 일찍 길을 나섰다. 다른 순례자들도 마찬가지였다. 잠이 덜 깬 몸은 천근만근 뻐근했고, 배낭의 무게 역시 큰 돌덩어리 하나 더 얹어 놓은 무게로 양어깨를 짓눌렀다. 하루쯤은 동키 서비스를 이용했을 법도 하건만, 무슨 배짱인지 난 내 배낭을 보물처럼 여기고 있었다. 항상 내 등에 붙어 있어야 안심이 되는 배낭이 오늘만큼은 짐이 되는 것 같았다.

　"부엔 까미노! 여전히 잘 걸으시네요."

　등 뒤에서 익숙한 목소리가 들렸다. 꽁지 머리에 두건을 쓴 아저씨, 사진을 잘 찍는다며 몇 장의 인생컷을 남겨 주었던 순례자, 어느 알베르게 마당에서 독서 삼매경에 빠졌던 순례자였다.

"올라!"

짧은 인사를 남기고 앞서가는 순례자의 뒤태는 평소 운동으로 다져진 듯한 종아리와 팔 근육 등이 섹시하기까지 했다. 순간 잠이 덜 깬 두 눈이 번쩍 떠지면서 멈춰 버린 시선을 누군가에게 들키기라도 할까 봐 애꿎은 스마트폰을 꺼내 사진을 찍기 시작했다. 곧 뒤따라오는 팀원들과 순례자들로 까미노의 활기를 되찾았다.

사리아 구시가지를 나와 외곽의 철길도 만났다. 라반데이라로 향하는 까미노에는 오래된 커다란 밤나무가 맞이하고 있었고, 확 트인 평원길은 간밤의 답답한 가슴을 뻥 뚫리게 했다. 까미노 친구들은 중간중간 Bar에 들러 커피와 또르띠야를 사 먹는 날이 이제는 나흘밖에 남지 않았다며 아쉬움을 토로했다.

모르가데에서 만나는 100km 까미노 경계석은 이제 앞으로 걸어야 할 거리가 실감 나지 않았다. 790km라는 남은 거리의 숫자를 론세스바예스 앞에서 마주할 때의 감회보다 뭔가 아쉬움이 맴돌았다.

자꾸만 순례길을 뒤돌아보게 되고, 버리기보단 채우기에 연연하지 않았나, 자만하지 않았나 곱씹어 보았다. 그리고 100km 표지석 앞에서 몇몇 팀원들과 사진을 찍으며 마치 산티아고 데 콤포스텔라에 도착한 것처럼 흥분했다. 나흘 뒤의 감정이 가늠이 안 될 정도로 들뜨기도 했고, 순간순간 울컥하기도 했다.

며칠 전 딸의 전화 목소리가 생생했다.

"엄마, 난 혼자 살지는 못할 것 같아. 일주일은 혼자라서 너무 좋았고, 2주째 되니 시간이 너무 안 가는 거야. 3주, 4주째 되니 엄마 생각이 너무 많이 나. 내 인생에 나 혼자가 아니었다는 것을 새삼 느끼고 있어. 엄마, 내 곁에 늘 있어 줘서 고마워, 사랑해!"

담담하게 자기 생각을 말해 주던 딸에게 "고마워, 사랑해, 미안해"라는 말밖에 할 수 없었다.

딸의 아픈 마음도 몰랐던 엄마인 그런 내가 싫어서 오히려 딸에게 모질게 했던 난 아직 딸에게 제대로 사과도 못 했다. 그리고 난 홀연히 떠나왔다.

하루에도 수십 번씩 서로의 아픔과 갈등에서 나를 옭아매고 자괴감에 빠져들 때마다 내가 만나왔던 수많은 내담자를 떠올리곤 했다. 세상의 불평등 가운데 육체적, 경제적, 정서적 폭력을 입은 그들의 분노와 억압으로부터 자존감을 되찾게

도와주며 주체적 삶을 살아갈 수 있도록 함께 했던 그때의 나를 되찾아가고 있었다. 그리고 급체한 속을 토해 내듯 시원한 통증 앞에 눈물을 흘리기도 했다.

모르가데 지역을 지날 무렵 며칠간 보이지 않았던 게이코를 만났다. 까미노 친구와 나란히 걷는 게이코의 배낭은 언제나처럼 축 늘어져 있었고, 뒤뚱뒤뚱 걷는 그녀 앞으로 다가가 가방끈을 단단히 매주고 싶은 충동을 쓸데없는 오지랖이라고 생각하며 그녀의 뒤에서 발을 맞추었다. 그녀는 오렌지 주스 하나를 꺼내 내 손에 쥐어 주며 같이 걷던 친구에게 나를 소개하기도 했다. 나를 까미노 친구라 소개하는 그녀는 옆 친구 역시 까미노에서 만난 친구로서 서로 의지하며 걷고 있다고 했다. 까미노에서는 혼자가 둘이 되고 둘이 셋이 되고 여럿이 되어 밀어주고 이끌어 주는 발걸음의 기적을 경험하게 된다. 곧 산티아고 데 콤포스텔라에서 만날 것을 기대하며 각자의 페이스대로 걸어가는 우리 모두에게 부엔 까미노를 속으로 외쳐 보았다.

마을을 하나하나 지날 때마다 순례자들이 늘어났고, 버스커들의 노래와 악기 소리가 심심치 않았다. 단체로 걷는 스페인 고등학생들은 우리 어릴 적 소풍 갈 때처럼 손에는 작은 오디오 음악을 켜고, 흥겨운 노래로 까미노를 가득 채웠다.

긴 미뇨강을 건너 가파른 돌계단은 천국의 계단을 올라가듯 힘을 다해 올라갔다. 바로 위 아치문을 지나자 포르토마린과 미뇨강이 파노라마처럼 펼쳐지며 온몸에 전율이 일었다. 상상이 되지 않았던 동

2023. 5. 25. 오후 12:59:22
Puertomarín
Lugo
Galicia
고도:403.8m
#산티아고 순례길

화 속 성 같은 마을 포르토마린은 1966년 이 마을 벨레사르 저수지를 건설하면서 수몰되었고, 현재의 포르토마린은 새로 만들어진 마을이라고 한다.

중앙 광장엔 조형물이 유독 많았고, 산티아고 대성당의 조각을 담당했던 마테오 장인이 건축 지휘를 했다는 산 후안 성당이 있었다. 성당 안은 문이 닫혀 있어 들어갈 수 없었지만, 걸어 오면서 만난 촌락과 달리 관광지와 휴양지의 분위기로 역사적, 예술적 풍성함이 과거와 현재의 조합으로 잘 이루어진 포르토마린에선 오롯이 나와 마주하며 혼자만의 시간으로 채웠다. 저녁이면 의례적으로 순례자 미사에 참여하는 나는 나 자신과 한층 더 가까워지고 있음을 느꼈다.

2023. 5. 25. 오전 7:38:29
고도:565.5m
#산티아고 순례길

곳간에서 인심 나는 팔라스 데 레이 가는 길

포르토마린의 아침은 안개가 자욱이 내려앉았다. 한 걸음이라도 놓칠세라 이제부터는 느리게 느리게 걷기로 다짐했다. 미뇨강의 지류인 또레스강 위를 지나는 좁은 다리를 건너 포르토마린을 빠져나오며 오르막길은 여전히 힘들고 더뎠지만, 이 힘든 구간마저 그리워질 것 같았다.

며칠째 마주하는 밤나무와 유칼립투스 나무 향과 시원한 그늘을 따라 이어지는 길에서 자연의 풍광을 음미하며 온몸으로 느끼고 싶었다. 욕심과 조급함, 두려움의 포로가 되어 염려와 걱정을 하다 주어진 시간과 기회를 저버리는 어리석음을 반복하고 싶지 않았다. 천천히 가도 늦을 것이 없는 까미노의 묘미를 이제야 몸으로 받아들이고 있는 것 같았다.

"언니, 왜 혼자 가세요?"

은이였다. 까미노에서 몇 번의 인연이 어느새 언니, 동생이 되었다.

"천천히 가려고 애쓰고 있어."

"그렇군요. 저도 그러려구요. 저 뒤에 종이 오라버님도 오고 계시더라구요."

"그렇군. 난 앞에 간 줄 알았는데…."

"언니는 어디서나 그렇게 친절하세요?"

뜬금없는 은이의 질문이 민망하여 그냥 웃는 내게 늘 상냥하게 대해주는 내가 너무 편하고 든든했다며, 처음 만난 푸드트럭에서 커피 한잔을 사 준 이야기를 꺼냈다. 마침 전날의 선잠에 마음도 몸도 지쳐 있었다며 따뜻한 마음이 전해져서 힘이 났다고 했다.

'곳간에서 인심 난다'라며 가난 속에서도 배려와 나눔을 실천하신 엄마, 아버지는 "사람은 절대 혼자 살 수 없다. 네가 배가 고프면 다른 사람도 배가 고프단다"라는 것을 큰 유산으로 물려주셨다. 그 어렵던 시절에도 명절이나 제사 때면 음식을 넉넉히 하여 동네 사랑방과 이웃에 나눠 드렸듯이 나에게도 음식은 곧 나눔과 애정이며 부모님에 대한 그리움이기도 하다.

또한 음식은 사람과 사람을 잇는 매개로서 '언제 밥 한번 먹어요' 인사는 일상적인 우리 문화이기도 했다. 그래서 국내에서 반값도 안 되는 커피 한 잔을 사줬을 뿐인데, 젊은 친구에게 받는 인사에 마음이 따듯해졌다.

뒤따라오는 종이가 나란히 걸었다. 혼자 걷는 까미노의 외로움을 즐기고 있다고 했다. 까미노에서의 외로움은 어쩌면 넘치는 풍요로움보다 더 귀하고 소중했다. 온타나스 마을에서 어두운 새벽길을 앞 사람의 발자국과 불빛만을 따라가며 걸었던 그 외로움이 나를 더욱 단단하게 만들었던 것처럼 그이도 어쩌면 그런 자신을 만나고 있다는 생각이 들었다.

늘 재치 있고 웃음기 가득한 그에게도 풀어야 할 과제를 껴안고 걷고 있다는 것을 오 세브레이로 마을에서 느낄 수 있었다. 그날 이후 그는 혼자 있는 시간이 많아졌고, 자기만의 페이스를 유지하고 있었다.

갑자기 소나기가 쏟아졌다. 얼른 판초 우의를 꺼내 입었다. 소나기는 순례길에서 종종 만날 수 있는 현상이었다. 걷는 내내 좋은 날씨

만나기도 쉽지 않은데, 열아홉 명의 날씨 요정들 덕분에 이렇게 잠시나마 판초 우의로 폼만 잴 수 있는 것도 그저 감사할 뿐이었다.

갈리시아로 접어들면서 우리나라 초가지붕 같은 스페인 북부 전통 가옥 파요사들이 눈에 보이기 시작했다. 특히 집집마다 높은 담벼락 위에 아슬아슬하게 세워진 오레오가 눈에 띄었다. 오레오는 습한 기후 지역에서 곡식을 보관하고 습기와 동물로부터 보호하며 통풍이 잘되게 할 뿐 아니라 좀도둑으로부터 보호하는 곡식 창고이다. 오레오는 그 집의 재산의 규모를 나타내주듯 크기와 모양이 조금씩 달랐으며, 오레오의 건축 자재도 집집마다 달라 보였다.

팔라스 데 레이 마을이 가까울수록 뜨거운 날씨는 발걸음을 점점 더디게 했다.

'왕의 궁전El Palacio de un Rey'이라는 의미가 담긴 팔라스 데 레이는 서고트의 왕 위티사가 그의 아버지 에히까의 치세 동안 갈리시아 지방의 총독을 맡아서 살던 궁전이 있었기 때문에 지어진 이름이라고 한다. 독특한 집과 건축물들이 돋보였던 마을, 과거와 현재가 혼재해 보이는 다양한 건축물들은 내가 사는 도시와 비슷했다.

먼저 도착한 팀원들은 아직 문 열지 않은 알베르게의 담벼락에 몸을 기댄 채 도착하는 순례자들을 박수로 맞이했다. 무어라 정의할 수는 없지만, 정해진 목적지와 방향을 따라 불필요한 요소를 제거하며 가장 솔직하고 나다운 형태로 다듬어 가는 길, 이것이 순례길의 끝을 향해 가는 여정이 아닌가 싶었다.

2023. 5. 27. 오전 11:41:31
4 Lugar Boente Arriba
A Peroxa
A Coruña
Galicia
고도:473.7m
#산티아고 순례길

라면 스프 한 개의 기적

사리아에서부터 유명한 뽈뽀Pulpo(문어요리)를 먹을 수 있는 날이라며, 아침부터 팀원들은 소풍 가는 어린이들처럼 신이 나 보였다. 사리아에서부터는 다양한 음식뿐 아니라 순례자들이 쉬어가는 Bar도 쉽게 만날 수 있어 산티아고 데 콤포스텔라 입성을 며칠 앞둔 순례자들의 흥분을 더욱 고조시켰다. 까미노에서 만나는 특산물과 맛집은 그 지역의 매력을 더해 주는 요소 중 하나이며 그 지역의 독특한 음식 문화를 경험할 수 있는 기회이기도 했다. 더구나 까미노에서 뽈뽀는 늘 접하는 면류와 육류 메뉴에서 해방되는 기대감도 있었다.

팔라스 데 레이에서 15km 구간인 멜리데Melide 지역과 리바디소Ribadiso는 뽈뽀와 랑고스티노(대하)가 유명했다. 멜리데 지역에 들어서자 김이 모락모락 올라오는 뽈뽀 들통들이 가게 입구부터 줄지어 있었고, 가게 앞의 호객 행위는 한국과 별반 다르지 않았다. 줄지어 있는 가게들 중 텅 빈 가게에 대비해 줄지어 기다리는 가게들은 순례자들에게 입소문이 전해지고 있었던 것 같았다.

삼총사 친구들과 종이를 따라 인솔자가 추천해 준 가게로 들어갔다. 벌써 도착해서 먹고 있는 언니와 형부, 그리고 란이 언니, 남이

2023. 5. 27. 오전 7:49:25
Estrada sen nome
Palas de Rei
Lugo
Galicia
고도:505.9m
#산티아고 순례길

언니, 영이와 은이도 있었다. 역시 한국 사람들은 맛집 탐방 및 소문에 민감하다는 것을 재확인할 수 있었다.

문어를 구리 냄비에서 익혀 올리브유, 소금, 단 피망이나 매운 고

추 등을 곁들여 먹는 요리로, 씹는 맛을 느낄 수 없을 정도로 부드러운 뿔뽀는 식감을 좋아하는 우리 입맛과는 많이 달랐다. 겉과 속이 촉촉한 랑고스티노는 칠리소스 맛으로, 오히려 내 입맛에 맞는 것은 랑고스티노였다. 프레이쇼라고 부르는 계란과 우유로 만든 후식과 잔으로 판매하는 위스키 한잔을 곁들였다.

까미노에서는 자전거를 타고 순례하는 사람들이 많았다. 얼마 전 포이오병 고개 까미노에서 부딪힐 뻔했던 자전거 타는 남자 세 명을 만났다. 긴가민가 하면서 "올라" 하면 다 통하는 곳이니 난 그들 가까이 다가가 사진 한 컷을 서로의 카메라에 담았다. 그들은 며칠 전의 기억이 떠 오른 건지 응원의 엄지척을 높이 들어 주었다.

한국에서부터 본인의 자전거를 가지고 왔다는 부부가 생각났다. 옆집 친구처럼 친근감이 있어 보이는 부인은 포이오병에서 넘어진 나를 일으키며 옆에 한참을 같이 있었다. 그리고 본인의 음료를 챙겨주며 한국에서부터 가지고 온 자전거의 우여곡절 설명을 하면서 프랑크푸르트에서 환승 시 자전거 반입이 안 되어 몇 시간을 실랑이 했던 이야기를 쏟아냈다. 이후 한 번도 만나지 못한 그녀를 까미노에서 다시 만난다면 따뜻한 커피 한잔 사주고 싶었다.

자칫 다치기 쉬운 까미노, 결코 평탄한 길만 기대할 수 없는 길, 돌멩이를 잘못 디뎌 발목을 삐는 경우는 허다했고, 개들에게 물리거나 자전거 및 도로변 자동차 사고뿐 아니라 성추행, 성폭행 사건까지빈 번하다는 소문도 있었다. 안전을 위협하는 몇 번의 돌발 사고 가운데에서도 의연하게 버텨온 나와 마주하며 끝나지 않을 것 같은 오르막과 내리막 힘든 구간을 좀 전에 마신 위스키 한잔의 힘으로 버티고 있었다. 미지의 것들을 보고, 듣고, 느끼는 즐거움을 놓치고 싶지 않았던 길이기도 했다.

갈리시아의 전통적인 곡식 창고인 오레오를 마을마다 만나고, 꼬불꼬불한 오르막의 끝에 드디어 오늘 머물 아르수아에 도착했다. 아르수아 마을 입구에서 한참을 걸어가 중심부에 위치한 알베르게는 지하층과 일층으로 팀원들이 나눠졌다. 알베르게 부근은 선물 가게

들이 즐비했고, 끝이 보이는 여정을 앞두고 며칠 전부터 마음뿐만 아니라 배낭의 짐도 한 가지씩 버리고 새로운 것들로 채우기 시작했다. 며칠 전 까미노 지도가 그려진 검정 후드티와 오늘 산 빨강 티셔츠는 산티아고 데 콤포스텔라에 입성 후 입을 고깔 옷으로, 꺼냈다 담았다 하기를 여러 번, 소풍 가는 전날 거울 앞에 선 어린아이마냥 들떠 있는 건 나만이 아니었다.

"빨강색 티셔츠! 역시 언니만이 할 수 있어."

영이의 재치는 늘 사람을 기분 좋게 하였다.

그랬다. 팀원들 거의 티셔츠 한 장쯤은 산 듯싶은데, 빨강색 티셔츠는 나뿐이었다. 사람은 누구나 가지고 있는 색이 있다. 색으로 표현했을 때 나의 색은 뭘까? 상담원 보수교육을 통해 나온 나의 색은 보라색이었던 기억이 났다. '예술과 철학과 같은 섬세한 사람' 그리고 개성을 살릴 수 있는 일을 좋아하는 사람이었다. 까미노는 그런 나와 한 발 한 발 마주 서게 했다.

강한 바람과 비를 동반한 아르수아의 오후는 각자의 선물들을 자랑하고 배낭의 짐들을 버리고 채우기를 반복하며, 서로 물물교환의 즐거움도 더했다. 며칠 전 경이는 내게 스키니즈가 너무도 잘 어울리는 50대 중반의 여성이라며 새것과 같은 스키니를 물려줬다. 그리고 그날 이후 난 그 옷만 내리 입고 걷고 있다.

2kg 정도의 약을 들고 왔던 난 복용하는 필수 약과 몇 가지 약을 제외하고 하나씩 나눠주기 시작했다. 특히 까미노 이후 여행을 이어가는 경이와 순례자들에겐 반가운 물건이었다. 매일 나와 일체가 되

었던 배낭 안의 약은 나를 지켜주는 든든한 수호신 같았다. 체기도 잦고 장염도 잦은 내가 필수 약 외에 다른 약을 한 번도 먹지 않은 것은 까미노의 축복이었다.

작은 테이블이 있는 거실 한쪽에서는 간단한 저녁을 먹으려는 순례자들로 웅성웅성했다. 까미노에서는 아침은 Bar에서 간식 겸, 도착 후 늦은 점심을 먹고 나면 저녁 식사가 애매한 경우가 늘상이었다. 더구나 아르수아처럼 주방이 없고 주변에 식당이 많지 않거나 오늘처럼 비가 올 때면 식당가서 먹는 일이 쉽지 않았다. 전자레인지 달랑 하나 있는 작은 응접실로, 컵라면과 패스트푸드가 대부분이었다. 언니가 우리의 저녁으로 컵라면과 아르수아에서 유명하다는 치즈를 사왔다.

우리나라 누드라면 매운맛이 전혀 없는 맛, 오직 고픈 배만 채우겠다는 생각으로 영혼 없이 먹는 마라톤 오라버님, 농협 오라버님, 몇몇 팀원들 앞에 집에서 가져온 신라면 스프 하나를 내밀었다. 나의 최후의 비상식량이었다.

"오메, 왜 이런걸 이제야 내놓는다요?"

라면 스프 하나에 얼굴 표정이 달라지고 식사 자리에 활기가 넘치며 대여섯 명이 조금씩 나눠 넣어 먹었다. 예수님께서 빵 다섯 개와 물고기 두 마리로 오천여 명을 먹이고도 남았듯이, 스프 한 개의 기적은 영혼을 채우는 양식과도 같았다.

환희와 아쉬움이 교차하는 도착 전날

긴 여정의 끝이 보인다.

이제야 뭔가 보이기 시작했는데, 순례자의 길은 끝이 보인다. 며칠 전부터 아주 느리게 걷고 있는 나는 오늘도 천천히 출발했다. 까미노는 아스 바요사스의 떡갈나무가 아름다운 성 라자로 저택으로 이어졌다. 넓은 목초지와 완만한 경사의 오솔길과 유칼립투스 나무 숲길에선 발걸음을 떼기 싫었다. 팔라스 데 레이 이후부터 유독 많은 유칼립투스 나무의 진한 허브향은 콧속을 가득 채웠다.

돌이 깔린 오솔길은 자전거 길과 나란히 이어지더니 산 브레이소의 페레이로스 성당이 내려다보였다. 다시 평탄한 자갈길과 오솔길을 걷다가 순례 중 산티아고 데 콤포스텔라를 하루 남기고 유명을 달리한 기예르모 와트를 기리는 기념비를 만났다. 까미노에서 여러 가지 이유로 운명을 달리하신 순례자들의 기념비를 만날 때면 곧 까미노 위의 같은 형제자매의 깊은 애도였다. 그러나 오늘 두 사람의 기념비 앞에서는 더 오래 멈춰 섰고, 더 깊은 애도로 발이 떨어지지 않았다. 주마등처럼 스쳐 가는 까미노에서의 날들이 말로 표현할 수 없을 정도로 소중하고 감사했다. 청동으로 만든 등산화는 지나가던 순례자가 놓아둔 꽃과 기념물들로 채워져 있었고, 나도 그 안에 손수건 하나를 꽂아두었다. 한톨 한톨 벼 이삭을 모으듯 나의 발걸음을 차곡차곡 쌓고 싶어 더 천천히 걸으며 아름답고 평화로운 작은 마을들과 눈을 마주했다.

오레오라는 곡식 창고들이 눈에 띄었고, 소 떼를 모는 아주머니들의 억센 목소리에 깜짝깜짝 놀라기도 했다. 마치 한국의 일부 지방 사투리 같기도 했다. 까미노에서 앞서거니 뒤서거니 하며 만났던 순례자들이 점점 더 많아지기 시작했다.

산티아고로 들어가기 직전 오 페드로우소 마을, 마지막 알베르게까지 19.2km는 그 어느 날보다 천천히 걸었는데도 금방 도착했다. 먼저 도착한 팀원들은 벌써 짐을 풀고 알베르게 옆 Bar에서 약속이라도 하듯 다함께 모여 시원한 생맥주잔을 부딪히고 있었다. 이제는 한 가족이 된 듯 친근했다.

"처제도 한잔해야지요?"

만인의 처제가 된 나에게 오라버님, 언니, 동생들의 환영은 피로를 싹 달아나게 했다. 옹기종기 앉아 브라보를 외치고 환희의 전율이 느껴지는 솔라시도 목소리들은 마치 목적지인 순례길을 다 마친 듯 일부 일행들의 긴장감도 풀어져 보였고, 부산스럽기까지 했다. 며칠 전부터 일행 중 몇 사람은 형님, 동생 하며 다음 트레킹 일정을 정했다며 자랑하기도 했다.

스테이크가 유명한 오 페드로우소 마을의 큰 황소 조형물이 인상적인 식당 앞에는 이미 예약이 찼다는 푯말이 붙어 있었다. 일요일이라 많은 식당이 닫혀 있었지만, 몇 곳의 식당에서 맛있는 스테이크를 먹을 수 있는 기회는 나에게도 주어졌다. 한국에서는 손이 떨려 큰맘 먹어야 먹을 수 있는 스테이크와 다양한 음식을 먹을 수 있었다. 이런 내 마음을 벌써 알기라도 하듯 삼총사 동생 중 경이의 전화벨이 울렸다.

"언니, 어디예요? 아까 그 스테이크 맛집 저녁 식사 지금 예약받는다고 하네요. 제가 예약해 줄까요?"

"고마워, 금방 다른 곳에서 맛있게 먹었어. 저녁은 가볍게 먹어도 될 것 같아."

다시 전화벨 소리가 들렸다.

"오오, 우리 딸!"

"엄마, 드디어 내일이면 산티아고 데 콤포스텔라 도착이네요."

"엄마, 미리 축하드려요!"

"마지막까지 긴장 놓지 마시고 항상 안전 조심하시고 대성당 앞에 서는 특히 소지품 주의하세요."

작은 화면으로 얼굴을 내밀고 번갈아 가며 안부와 안전을 염려하는 아들, 딸은 지난 한 달여 동안 더 어른스러워졌다.

환희와 아쉬움이 교차하는 도착 전날 알베르게의 밤은 내일의 설렘과 벅찬 감정들을 스스로 정리하며 기록하기도 했고, 누군가는 "난 눈물이 날 것 같아", 또 누군가는 "난 벌떡벌떡 춤을 출 것 같아"라며 서로의 감정들을 내보이며 말로 표현하기도 했다. 난 나의 가슴을 두 손으로 껴안아 주고 싶었다. 그리고 나의 발에 뜨거운 키스를 나누고 싶다는 생각이 들었다.

긴 여정을 자신과 마주하던 순례자들의 마음을 달래주듯 밖은 빗소리가 들리기 시작했고, 마지막 알베르게의 밤은 다른 날보다 불이 더 먼저 꺼졌다. 보석 같은 지난 여정이 주마등처럼 스쳐 갔다. 내일은 가슴 벅찬 걸음을 걷는다.

산티아고 데 콤포스텔라에 도착하다

새벽 4시, 알베르게에 불이 켜졌다.

지금까지는 사뭇 다른 알베르게의 아침은 조용하고 경건했다. 산티아고 데 콤포스텔라에 입성하는 날이자 마지막으로 걷는 날이다. 12시 대성당 미사 참여를 위해 전날 밤 같은 방 순례자들의 의견이 모아졌고, 우리는 각자 조용히 길을 나섰다. 간밤에 내린 비로 길은 질퍽질퍽했고, 하늘에서 미스트를 뿌린 것처럼 새벽이슬이 내렸다. 새벽하늘 별빛과 순례자들의 헤드랜턴 불빛이 한여름 별똥별처럼 반짝였다. 울창한 유칼립투스 숲은 산티아고 공항까지 이어졌고, 작은 욕실에 디퓨저 한 통을 쏟아부은 듯 진한 향이 숲을 감쌌다. 형부는 언니와 나의 발아래 불빛을 비춰주며 조용히 걸었다.

산티아고 데 콤포스텔라까지 약 20km를 걷는 동안 작은 마을들을 지나며 가파른 언덕과 내리막길, 평지 포장길, 자갈길, 성당 등을 마주했다. 마지막 걷는 날까지 날씨는 최상의 컨디션으로 우리를 이끌었다. 걷는 동안에는 구름과 햇살과 바람으로 감싸주었고, 걸은 후에는 간간이 비를 내리게 하여 다음날 걸을 순례자의 길을 진정시켜주었다.

　어느새 길은 순례자들로 붐볐고, 곳곳에서 노랫소리와 환호성이 들렸다. 까미노 표시를 따라 인마쿨라다 광장을 지나 오브라도이로 광장에 닿았다. 드디어 화사한 태양 빛을 받으며 산티아고 대성당의 웅장한 모습이 드러났다. 먼저 도착한 일행들은 한 사람씩 꼬옥 안아주며 손에 손을 잡았다. 만나고 헤어지고 다시 만나고 헤어졌던 순례자들이 모였다. 몇 번을 순례길에서 마주치며 "부엔 까미노"로 서로에게 힘을 주었던 순례자들도 만났다.

　"언니, 고마워! 함께 걸을 수 있어서."

　"너도 고생했다. 그리고 장하다, 내 동생. 난 네가 끝까지 해낼 수 있을까 걱정했있는데 참 장하다!"

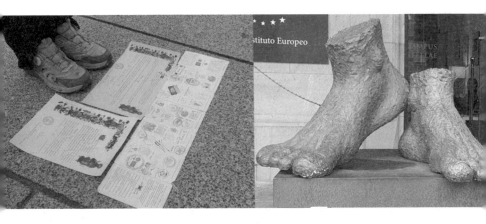

언니는 늘 잔병치레했던 나에 대한 염려가 컸던 것 같다.

모두 각자의 방식대로 세리머니를 하며 산티아고 순례길의 주인공
이 되었다. 배낭과 신발을 벗어 놓고 큰절하는 순례자, 무릎을 꿇고
기도하는 순례자, 대자로 누워 소리 지르는 순례자, 서넛이 모여 앉
아 노래하는 순례자, 우리 언니, 형부처럼 조용히 성당만 바라보며
앉아 있는 순례자들… 광장의 풍경만으로도 가슴 벅찼다. 난, 슬림해
진 뒷모습을 뽐내며 광장 한복판에 서서 대성당을 마주 보고 섰다.
기쁨과 감사의 눈물이 쏟아졌다. 가슴에 얹혔던 무거운 돌덩이는 솜
방망이처럼 가벼웠다.

12시 미사를 위해 두 시간 먼저 들어간 덕분에 제일 앞자리에서 미
사 참여를 했다. 웅장하면서도 아름답고 묘한 긴장감이 들었다. 드디
어 미사가 시작되었고, 그날 순례자 사무소에 등록한 국가들을 부르
며 환영했다. 신부님의 "Korea" 소리가 대성당에 울려 퍼졌다. 산티
아고 데 콤포스텔라 대성당에서 진행하는 향로의식은 우리의 기대

를 저버리지 않았다. 여덟 명의 수도자가 줄을 끌어당기면서 황금빛 향로가 대성당의 천장을 크게 비행하며 연기를 내뿜는 의식이다. 중세 순례자들이 오랜 순례길 끝에 성당에 도착했을 때 땀 냄새와 악취가 성당에 스며드는 것을 방지하고, 순례자의 건강과 평안을 비는 의미로 시작했다고 한다.

오늘날에는 향로의식을 매일 진행하지 않고 전례적인 축일이나 대축일, 매주 금요일 저녁 미사 외 기부금이 어느 정도 이상 모였을 때 진행한다고 한다. 시작되는 타이밍, 정적인 성당에서 움직임, 향로를 움직이는 방식, 소리와 향기 등이 합쳐져 신비스럽고 가슴 뭉클해지는 의식이었다.

저녁 일곱 시에서 여덟 시에 진행되는 순례자 미사에 처음 참석하게 되었던 팜플로나를 잊을 수가 없다. 성당 입구에서 몇 번을 망설이다 참여했던 미사는 낯설기만 했었다. 스페인어로 진행된 미사로 말은 알아듣지 못했지만, 진한 울림이 가슴에 와닿았다. 그 이후 거의 매일 미사에 참여했고, 내 안의 무거운 짐을 하나씩 내려놓기 시작했다. 그리고 매일 감사 일기를 썼다. 건강하게 새로운 삶을 살아내고 있는 딸을 위한 감사 기도뿐 아니라, 짊어진 무거운 배낭도, 발뒤꿈치에 곪아 터진 상처마저도 감사했다.

미사를 마친 후 순례자 완주증을 받았다. 779km 거리 완주증(이름, 언제, 어디서 출발, 몇 킬로미터)과 일반 완주증(이름, 언제 출발) 두 개를 받았다. 각자의 소원과 소망을 담고 장도의 길을 걸었을 순례자들은 기쁨의 환호와 눈물을 흘리기도 했다. 누구든 이 길을 억

지로 오지는 않았을 터, 길을 걸으며 광활한 벌판을 만나고 수백 가
지의 야생화를 만나고 진한 향기를 품은 유칼립투스 숲을 만나는 즐
거움이 있었지만, 그 이상의 기쁨은 내 안의 헝클어진 감정들을 볼
수 있었다는 것이다.

　사무실 입구 작은 성당에서는 '10월의 어느 멋진 날에'라는 노래가 흘러나왔다. 한 청년이 고개를 깊게 떨군 채 기도하고 있었다. 목이 메는 울음은 몸을 가누기가 힘들어 보였다. 일행 중 한 명이 조심스럽게 다가가 그 청년을 한참 동안 안아주었다. 그리고 다시 광장으로 나왔다. 광장은 오전보다 훨씬 많은 순례자들로 활기가 넘쳤다.

　태양은 대성당 광장을 향해 더욱 뜨겁게 비추며 순례자들을 눈부시게 했다. 그 아래 난 대자로 누워 하늘과 마주했다. 그리고 파티와 춤과 음악이 있을 저녁 광장을 기다렸다.

0.0km 지구의 끝에 서다

영혼을 깨우는 산티아고 순례길 대장정의 1막을 성대하게 닫고 2막이 시작되었다.

대성당 광장에서 누린 이틀간의 시간은 799km를 33일 걷고 35일 걸린 시간만큼이나 소중했고, 기적 같았다. 하루 늦게 도착한 게이또를 만나 너무 반가웠으나, 함께 차 한 잔을 못 마셔 못내 아쉬움이 남았다. 다음을 약속하지 않은 인연이었지만, 언젠가 꼭 다시 만날 것 같은 까미노 친구로 남았다.

밤엔 산티아고 시청 앞 광장에서 스페인 사람들의 공연과 춤이 낭만으로 깊어 갔다. 광장에 모인 많은 사람이 함께 어울려 춤을 추기 시작했고, 영이와 나도 덩달아 어깨춤을 추며 밤새 광장을 지킨 보석 같은 시간을 가슴에 꼬옥 안고 산티아고 순례길 일정의 끝인 땅을 향해 단체 이동 버스에 몸을 실었다.

한 시간 반 정도 이동한 피니스테레의 등대에서 푸른 바다를 맞이했다. 산티아고 데 콤포스텔라에서 100km 가량 떨어진 피니스테레는 'Finis(끝)' 'Terre(땅)', 즉 옛 로마인들이 땅의 끝이라고 믿었던 곳이라고 하는데, 그야말로 스페인어로 '땅끝마을'이자 대서양의 시작점이기도 했다. 예루살렘에서 순교한 야고보의 시신이 나룻배에 실려 에스파냐에 닿게 되었는데, 그 첫 번째 장소가 피니스테레였다고 한다.

피니스테레엔 0.0km라고 쓰인 표지석과 십자가상, 그리고 하얀 등대가 기다리고 있었다. 십자가상 아래에는 순례자들이 놓고 간 스틱, 물건, 손수건, 옷들이 있었으며, 처음부터 배낭에 태극기를 꽂고 다닌 영이가 우리의 국기를 꽂아놓고 왔다. 나도 모르게 묵념을 했다. 그 묵념은 국기에 대한 예의이기도 했고, 나의 깊은 기도이기도 했다. 순례길을 함께 해왔던 수많은 생각들과 과거의 삶을 내려놓으

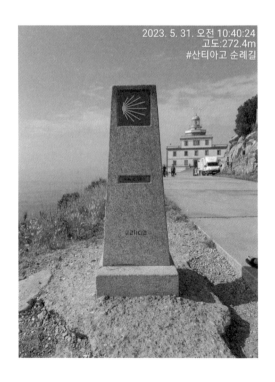

며 태어난 새로운 가족의 삶은 육신뿐 아니라 영혼이 깨어나기를 기
도했다.

중세 시절부터 순례객들은 피니스테레의 바위 밑에서 옷과 신발을

태웠다고 한다. 순례자의 끝과 새로운 시작의 상징이기도 했다. 해안 안쪽에 있는 신발 모양의 동상은 순례자에게 바치는 선물이었다.

곧이어 묵시아로 이동했다. 피니스테레에서 북쪽으로 조금 가면 작은 어촌 마을이 나오는데, 이곳이 묵시아였다. 버스로 이동하다 보니 관광객의 느낌이 들었지만, '끝', '0.0km' 의미가 주는 울림은 쉽게 가시지 않았다. 묵시아 바닷가 돌 위에 세워진 성당은 견고하고 단아해 보였다. 이런 곳에까지 성당을 세웠다는 것이 놀라웠다. 유럽인들의 종교란 정말 절대적이라는 것을 느낄 수 있었다.

표지석 바로 뒤에는 큰 돌기둥의 쪼개진 조각상이 세워져 있었는데, 2002년 유조선 프레스티지호(42,000톤급)가 침몰한 그 당시의 아픔을 기억하는 기념물이라고 한다. 아직도 해안 앞바다에서 지속적으로 조난 사고들이 일어난다고 하니, 아픔을 품고 있는 바다이기도 했다.

지난 4·16 세월호 참사 이후 난 한동안 바다와 마주하는 것이 두려웠다. 가슴을 짓누르는 아픔과 잠을 자다 경기까지 일으키곤 했다. 어른들이 지키지 못한 수백 명의 아이들은 곧 우리의 자녀들이고, 대한민국의 미래였다. 이들을 이끄는 선생님들은 우리의 동료이고 부모님들이었다.

전망대에 올라 깊은 바다와 마주하며 여러 사고로 떠난 영혼들을 위해 조용한 묵례를 올렸다. 그리고 더 이상 걸을 수 없는 세상의 끝에서 새로운 가능성의 꿈을 안고 내 안의 묵은 찌꺼기들을 마지막한 톨까지 털어 버리며 긴 호흡과 함께 푸른 바다를 등에 졌다.

보이지 않는 길까지 걷게 한
산티아고 순례길

죽을 각오로 떠나온 순례길은 나를 하루하루 새롭게 살게 했다.

평소 낯가림이 심했던 자신이 무색할 정도로 낯선 곳, 낯선 사람들과의 친화력이 신기했고, 2kg이나 되는 비상약을 들고 갈 정도로 약한 체력은 상시 먹는 약 외에는 한 번도 쓸 일이 없었다. 몸무게는 5kg이나 감량되어, 통통 부은 얼굴과 볼록한 배는 갸름한 얼굴과 슬림한 뒤태를 뽐낼 만큼 되었다.

무엇보다도 비우고 채우는 기쁨 가운데 만남과 헤어짐에 익숙해지고, 억울하고 조급했던 마음은 길 위에서 여유를 알게 되었고, 두려움과 분노는 내 안의 욕심을 내려놓게 되었으며, 미움은 나의 약점을 덮고자 비롯된 것임을 알게 되었다.

매일 아침 "약 먹어야지?" 하며 혼자 다닐 때 행여나 굶을까 봐 배낭에 간식을 챙겨주는 언니와 힘겹게 뒤처져 갈 때면, 가다 서다를 반복하며 기다려 준 든든한 형부의 챙김이 있었기에 더욱 마음 놓고 걸을 수 있었다. '따로, 또 같이'를 존중하며 때로는 길 위에서, 때로는 알베르게에서 응원과 지지로 하나된 열아홉 명의 팀원, 특히 예쁜 옷까지 빌려주고 함께 춤을 추며 추억을 만들어간 삼총사 친구들과 순발력 있는 재치로 웃음과 평안함을 선사한 동생들, 언니들과 같이한 길은 기쁨과 축복을 더했다. 무엇보다 일 년 중 사업이 가장 바쁘게 진행될 시기에 긴 휴가를 허락해 주신 경기여성단체연합 대표님께 다시 한번 감사 인사를 드린다.

산티아고 순례길 35일의 여정 동안 발뒤꿈치의 곪은 상처를 터뜨려 가며 까미노를 이어갔듯, 내 삶의 곪은 상처도 곧 인생의 일부분이었음을 깨닫고 내 삶의 동반자로 받아들일 수 있게 되었다.

산티아고 순례길은 나로 하여금 보이는 길만 걷는 게 아니라 보이지 않는 길까지 걷게 했다. 구부러진 길 위에 서 있었지만, 매일 딸과 아들이 함께 걷는 것 같았다. 그들이 날마다 보내 준 응원과 지지는 산티아고 순례길의 노란 화살표와도 같았다. 내가 노란 화살표를 믿고 아무도 보이지 않는 새벽 순례길을 걸었듯이, 이제부터 나를 믿고, 내 사랑하는 사람들을 믿으며 두려움 없이 꿋꿋하게 남은 인생을 걸어갈 것이다. 그것만이 내 가족이 나에게 보여준 사랑에 대한 보답이자 나를 사랑하는 길이 될 것이다.

현관 한쪽에 닳고 닳은 등산화 한 켤레가 놓여 있다. 까미노에서 내가 돌멩이를 잘못 밟아 넘어질 때도, 딱딱한 아스팔트 길을 걸을 때도, 진흙탕에 미끄러져 넘어질 때도 나를 안전하게 지켜주었던 신발이다. '나를 지켜줘서 고마워. 고생시켜서 미안해'라며 다시 걸을 산티아고 순례길을 꿈꾼다.

구부러진 길 〉
      〈 위에 서다

초 판 1 쇄 2025년 3월 5일
지 은 이 김인순
사   진 김인순, 이동욱
펴 낸 곳 하모니북
발 행 인 박화목

출 판 등 록 2018년 5월 2일 제 2018-0000-68호
이 메 일 harmony.book1@gmail.com
전 화 번 호 02-2671-5663
팩   스 02-2671-5662
홈 페 이 지 harmonybook.imweb.me
인스타그램 @harmony_book_

979-11-6747-243-4 03920
ⓒ 김인순, 2025, Printed in Korea

책값은 뒤표지에 있습니다.